Der letzte Trapper

Der

letzte Trapper

Ein Film von
Jean-Pierre Bailly

FOTOS
ÉRIC TRAVERS FÜR AGENCE GAMMA
UND NICOLAS VANIER

Texte
Nicolas und Diane Vanier

AUS DEM FRANZÖSISCHEN VON
CORNELIA PANZACCHI

Gerstenberg Verlag

Bibliografische Informationen Der Deutschen Bibliothek
Die Deutsche Bibliothek verzeichnet diese Publikation in der Deutschen Nationalbibliografie;
detaillierte bibliografische Daten sind im Internet über *http://dnb.ddb.de* abrufbar.

Aus dem Französischen von Cornelia Panzacchi

Die Originalausgabe erschien unter dem Titel *Le dernier trappeur*
2004 bei Les Éditions du Chêne – Hachette Livre, Paris
Text von Nicolas Vanier in Zusammenarbeit mit Diane Vanier
Fotos von Éric Travers / GAMMA und Nicolas Vanier

Redaktion: Brigitte Leblanc
Künstlerische Leitung: Nancy Dorking
Layout: Lola Duval
Lektorat: Catherine Lucchesi und Myriam Blanc
Herstellung: Nicole Thieriot-Pichon
Lithografie: Seleoffset, Turin

Satz: Fotosatz Ressemann, Hochstadt
Printed in France by Pollina - n° L94013B
ISBN 3-8067-2934-4

Inhalt

Die Geburt einer großartigen Idee

Ein furchtbarer Blizzard fegte über jenes Gebiet in den Rocky Mountains hinweg, in dem ich mit meinen Hunden unterwegs war. Vom Wind aufgewirbelt, stob der Schnee von allen Seiten auf uns ein. Im Schein meiner Kopflampe bemühte ich mich, einer Piste zu folgen, die mein Team für mich gespurt hatte. Doch ich konnte kaum noch etwas erkennen und die Hunde kniffen die Augen zu, um sie vor dem eisigen Nordwind zu schützen. Sogar Voulk, mein erfahrener Leithund, hatte Mühe, die Spur zu finden, die meine Partner in diesem Labyrinth aus Bergen, Schluchten, Hochplateaus und vereisten Tälern unter vielen Mühen angelegt hatten. Seit zwanzig Jahren hatte kein Mensch mehr diese Route benutzt. Die wenigen, die es versucht hatten und mit denen ich vor meinem Aufbruch gesprochen hatte, berichteten von unüberwindbaren Hindernissen, von Geröllfeldern und von unbegehbaren Gletschern, und wir begannen bereits daran zu zweifeln, dass unser Vorhaben gelingen würde. Wir hatten zwei Ortskundige dabei: Bruce, ein *métis* aus dem letzten Dorf vor jenem Niemandsland, das zwischen dem Ross River und dem Mackenzie liegt, und Norman Winter, einen Trapper, der die Expedition aus purer Abenteuerlust begleitete. Wir hatten ihn in der Ortschaft Ross River getroffen, in der wir Rast gemacht hatten und in die er gekommen war, um seine Vorräte zu ergänzen. Wir unterhielten uns ein wenig. Er schien die Region sehr gut zu kennen, ich fand sein wettergegerbtes Gesicht sympathisch, und sein Blick flößte mir Vertrauen ein.
»Wir brechen morgen früh auf. Willst du mitkommen?«
»Ich werde kommen.«
Am nächsten Morgen war er da.
Seitdem hatte ich ihn noch nicht wiedergesehen, denn mein Team fuhr mir möglichst weit voraus, damit die Piste Zeit hatte, zu überfrieren. Ohne diese Vorarbeit wären die Hunde im Schnee nicht vorwärts gekommen, und ich hätte auf Schneeschuhen vor ihnen herlaufen müssen. Weil aber mein Vorhaben darin bestand, den gesamten kanadischen hohen Norden in einem Winter zu durchqueren, mussten wir im Schnitt jeden Tag hundert Kilometer zurücklegen. Deshalb war eine Piste so wichtig. Da es auf neunzig Prozent der von mir gewählten Strecke keine fertige Piste gab, fuhr mein Team mit Schneemobilen vor mir her. Norman gefiel die Idee dieser Expedition sehr gut, vor allem, weil er zwar sein gesamtes Leben in der kanadischen Wildnis verbracht hatte, dieses nahezu unerforschte Gebiet in den Rocky Mountains aber noch nicht kannte.
Meine Freunde hatten mit den Schneemobilen große Probleme: Sie hatten sich schon vielfach festgefahren, waren auf Geröllfeldern umgekippt, auf Gletschern ins Schleudern geraten oder im Eisschlamm stecken geblieben. Wenn alles nach Plan verlaufen wäre, hätten sie mir während der gesamten Expedition mit so beträchtlichem Abstand vorausfahren müssen, dass wir uns auf der gesamten Route nie gesehen hätten. Tatsächlich aber holte ich sie bereits nach einer Woche ein, denn in diesem Gelände waren die Hunde schneller und geschickter im Überwinden von Hindernissen als unsere motorbetriebene Vorhut. Kurz vor diesem ungeplanten Zusammentreffen hatte ich die Gelegenheit, Norman besser kennen zu lernen.
An jenem stürmischen Abend, an dem ich mit dem Blizzard kämpfte, hatte Norman meinen Männern vorgeschlagen, ein Stück zurückzufahren und Benzin zu holen. Per Flugzeug hatte man an drei Punkten der vorgesehenen Strecke Benzin deponiert. Als mein Team das erste Depot erreicht hatte, nahm es nicht alles mit, weil die Männer dachten, sie würden das Benzin nicht brauchen. Die Männer waren gut vorangekommen und es hatte noch keinen Temperatursturz gegeben. Inzwischen hatte sich die Lage geändert. Bei – 40 °C, und morgens manchmal sogar – 50 °C, verdoppelte sich der Benzinverbrauch und so war der Sprit knapp geworden. Norman hängte also einen leeren Schlitten an sein Schneemobil, fuhr zurück, geriet in dasselbe Unwetter wie ich und musste nach einem Unterschlupf suchen, in dem er das Ende des Schneesturms abwarten konnte. Er erinnerte sich vage, an einem verfallenen Blockhaus vorbeigekommen zu sein, und versuchte, es wiederzufinden.
Unmittelbar zuvor war die dunkle Form dieses Blockhauses auch im Schein meiner Kopflampe aufgetaucht. Die Hunde liefen von sich aus darauf zu, und ich ließ sie im Windschatten des Hauses Schutz suchen. Es war höchste Zeit, sich irgendwo in Sicherheit zu bringen, denn auf den Hochplateaus gibt es kaum Schutz vor Unwettern, und dieses wurde immer heftiger. Es wäre mir unter diesen Bedingungen nie gelungen, das sicherere Tal und die Wälder zu erreichen, von denen ich, meinen Karten zufolge, noch gute drei Wegstunden entfernt war.
Ich begann, die Hunde abzuschirren und für sie kleine Schutzwälle aus

Schnee zu bauen, als plötzlich in der Ferne das Licht eines Scheinwerfers aufblitzte. Ein paar Minuten später erkannte ich Norman, dem ich, obgleich sein von einer Eisschicht überzogenes Gesicht wie erstarrt wirkte, deutlich anmerkte, dass er froh war, mich getroffen und das Blockhaus wiedergefunden zu haben.
Drinnen stand ein kleiner Ofen, und wir suchten in der Umgebung des Blockhauses nach Brennholz. Die Querbalken einer eingestürzten Brücke eigneten sich bestens für unsere Zwecke und wir zersägten sie in handliche Stücke. Durch den Wind war die Temperatur auf unter – 60 °C gesunken. Wir beeilten uns, ins Haus zurückzukehren, oder besser: in das, was davon übrig war. So, wie es aussah, war es seit ungefähr fünfzig Jahren nicht mehr bewohnt worden und durch Besuche der Grizzlys aus der Umgebung hatte sich sein Zustand auch nicht gerade verbessert. Die Stämme, aus denen die Wände bestanden, lagen nur noch locker aufeinander, und das Moos, das die Ritzen einmal abgedichtet hatte, war schon vor langer Zeit verfault oder zu Staub zerfallen, sodass es drinnen furchtbar zog. Auch als der Ofen brannte, stieg die Temperatur nur wenig an. Wir schmiegten uns eng an den Ofen, schafften es irgendwie, auf ihm eine Suppe zu erhitzen, und unterhielten uns. Vor uns lag eine lange Nacht, und keiner von uns verspürte das Bedürfnis, sich in seinen feuchten Schlafsack zu legen. Norman begann, von seinem Leben in der Wildnis zu erzählen, von seinem Leben als Trapper. Meist zog er mit ein paar Hunden los, um seine Fallen aufzustellen und sie anschließend regelmäßig zu kontrollieren. Manchmal kam seine Lebensgefährtin mit, eine Indianerin aus Ross River. Übernachtet wurde unterwegs vorzugsweise in einem Zelt. Norman berichtete auch von den langen Jahren, die er allein in den Wäldern verbracht hatte, im stummen Dialog mit der Natur, von seiner Liebe zu den faszinierenden Landschaften und von den wilden Tieren, die er besser kannte als jeder andere. Er fühlte sich den Tieren gleichgestellt und ebenbürtig und betrachtete sich als einen der letzten Menschen, die eine Art zu leben kannten, die es bald nicht mehr geben würde. Er hatte das Bedürfnis, sein Wissen an Jüngere weiterzugeben, doch immer mehr junge Trapper gaben diesen schwierigen und anstrengenden Beruf auf, zumal die Preise für Pelze gesunken waren. Dann legte mir Norman seine Philosophie dar, in deren Mittelpunkt die Anpassung des Menschen an seine Umwelt stand. Die Stadtbewohner entfremdeten sich, so Norman, zunehmend von der Natur und verstünden sie nicht mehr.
Unglaubliche Geschichten wusste er zu erzählen, in denen es um die Fähigkeiten der Tiere und um ihre Lebensräume ging. Seiner Ansicht nach würde der Menschenschlag, dem er angehörte, bald verschwunden sein, und mit ihm würde auch das Wissen über die Schätze der Natur und das Leben in Einklang mit der Umwelt in Vergessenheit geraten. Ich erwiderte, dass dies eine wichtige Botschaft für die Menschen sei, die heute, nachdem sie die Natur geschändet und ausgeplündert hätten, auf der Suche nach sich selbst seien. Wenn er sein Wissen an mich weitergäbe, würde ich durch Berichte und Bilder das zu vermitteln versuchen, was uns gemeinsam bewegte. Ich wollte der Welt ein märchenhaftes Land vorstellen: die Rocky Mountains, ihre Ehrfurcht gebietenden Landschaften, ihr überirdisches Licht, die Vielfalt ihrer Tierwelt, die unglaubliche Reinheit ihres Wassers, ihres Schnees, die Weitläufigkeit ihrer Wälder und Bergwiesen. Es gab so viel, was man erzählen konnte, wenn man das beschrieb, was in Normans Leben eine Rolle spielte, im Leben eines Menschen, der in Harmonie mit der Natur zu leben verstand und in ihr seinen Platz gefunden hatte, der seinem Leben als Hüter der Natur einen besonderen Sinn verlieh. Norman ist ein weiser Mann, und er ist sich bewusst, dass seine Weisheit nur in dieser engen Beziehung zur Natur entstehen konnte. Er weiß, was der Umwelt angetan wird, und er versteht es, eindrücklich auf ihre Bedeutung und Schönheit hinzuweisen.
So wurde die Idee für den Film geboren. Norman erklärte sich mit meinem Plan einverstanden, denn er wollte Zeugnis ablegen und eine Spur hinterlassen, die beständiger sein sollte als unsere Fußspuren in der verschneiten Berglandschaft.
Alles, was uns noch zu tun blieb, war, unter extremen Bedingungen – also in vollständiger Isolation, in bitterer Kälte, bei hoher Luftfeuchtigkeit und inmitten von unvorstellbaren Schneemengen – einen Film zu drehen.
Eine ungeheure Herausforderung, die ein hoch motiviertes Team annahm und zu einem beeindruckenden Resultat führte.
Die Natur ruft uns …

Nicolas Vanier

Der Sommer

Der Trapper – ein Beruf mit Zukunft?

Den Menschen unterscheidet vom Tier eine einzigartige Gabe: der Verstand. Leider missbraucht er ihn unter anderem dazu, den Planeten zu zerstören, auf dem er lebt. Wissenschaftler prophezeien, dass die Spezies Mensch an den Wunden zugrunde gehen wird, die sie der Erde, die doch Grundlage allen Lebens ist, zufügt. Zahlreiche Tierarten wurden und werden für immer ausgelöscht und trotzdem scheint vorhersehbar, dass die Tiere eines Tages die einzigen Bewohner der Erde sein werden – einer Erde ohne Menschen.

Dabei waren dem Menschen alle Voraussetzungen für ein glückliches Leben gegeben. Er, der in der Hierarchie der Lebewesen auf der höchsten Stufe steht, wäre durchaus in der Lage gewesen, die Welt durch einsichtiges und vernünftiges Eingreifen zu beherrschen. Er hätte Großartiges leisten können, doch heute stehen ihm nur noch zwei Möglichkeiten offen: Entweder fährt er mit seinem zerstörerischen Werk fort und treibt seinen eigenen Untergang voran oder er ändert sein Verhalten von Grund auf und entscheidet sich dafür, mit der Natur zu leben.

Der Beruf des Trappers könnte ebenso wie der Beruf des Holzfällers Alternativen aufzeigen. Denn anders, als viele Leute glauben, ginge es der Natur ohne den Menschen nicht unbedingt besser, und Trapper wie Holzfäller können, wenn sie etwas von ihrem Handwerk verstehen, das ökologische Gleichgewicht des Waldes positiv beeinflussen. Natürlich gibt es auch Holzfäller, die die Natur zerstören, indem sie den Wald aus Profitgier ausbeuten. Und ebenso finden sich unter den Jägern schwarze Schafe, die nur zum Vergnügen jagen und teuer für den Abschuss von Tieren bezahlen, die sie nicht einmal verzehren.

DIE NATUR BEWAHREN

Es wäre ein großer Fehler, alle über einen Kamm zu scheren. Auch sind Trapper und Holzfäller nicht die Einzigen, die Rücksicht auf die Natur nehmen. Einen Versuch in Richtung Umweltschutz stellen die Nationalparks dar, die seit dem späten 19. Jahrhundert in vielen Ländern eingerichtet wurden. Als der Mensch zu begreifen begann, dass er sich nicht einfach aus der Natur nehmen konnte, so viel und so oft er wollte, schuf er geschützte Räume. Man muss aber auch sehen, dass dieser Versuch beinahe einem Offenbarungseid gleichkommt: Da wir augenscheinlich unfähig sind, *mit* der Natur zu leben, müssen wir Orte schaffen, wo sie *ohne* uns überleben kann.

Die Naturreservate versetzen uns in die Lage, Tier- und Pflanzenarten zu bewahren, und verhindern vor allem, dass märchenhaft schöne Landschaften für immer durch Erschließungs- und Besiedlungsmaßnahmen zerstört werden. Wie viele Strände mit feinem Sand und Kokospalmen gibt es denn noch, die nicht von einem Hotelkomplex einverleibt wurden? Wie viele idyllische Bergseen, geheimnisvolle Wälder und paradiesische Buchten existieren noch? Man findet sie nahezu ausschließlich an Stellen, wo sich der Mensch selbst verbot, sie anzurühren.

Gleichzeitig hat die Einrichtung solcher Reservate gezeigt, was der Verzicht auf Einmischung bewirken kann und was nicht. So vermehren sich in ihnen bestimmte Tierarten besonders stark – zum Nachteil anderer. Um die gefährdeten Arten zu schützen und wieder ein natürliches Gleichgewicht herzustellen, muss der Mensch ständig eingreifen. Zum Beispiel werden wieder Raubtiere angesiedelt, die früher in den betreffenden Gebieten verbreitet waren und vom Menschen ausgerottet wurden. Berufsjäger werden beauftragt, diejenigen Bestände zu reduzieren, die unter ihrem Überschuss selbst am stärksten leiden und ihrerseits Pflanzenpopulationen zerstören.

Im Laufe der Zeit hat der Mensch begriffen, dass er eine wichtige Rolle spielt und sehr wohl in der Lage ist, die Umwelt zu nutzen und sie gleichzeitig zu schützen. Trapper aber, die die Natur respektieren, wissen dies schon seit langem – und leben entsprechend in und mit der Natur.

Vorhergehende Doppelseiten
Der hohe kanadische Norden: unendliche Weiten, von Seen übersät und von Wasserläufen durchzogen.
Im Sommer kommt man mit dem Kanu praktisch überallhin. Man muss es nur gelegentlich von einem Fluss oder See zum nächsten tragen.

Rechts
Das ist der Lapie, den Norman ganz besonders liebt: ein Fluss mit kristallklarem Wasser, der sich seinen Weg durch den Fels grub.

Vorhergehende Doppelseite
Besonders wenn man den Fluss gut kennt, lassen sich Stromschnellen mit dem Kanu leicht passieren, vorausgesetzt, Felsen und Sandbänke versperren nicht den Weg.

Oben
Auf seiner Suche nach einem neuen Revier muss Norman auch Wasserscheiden überwinden. Dies geht nur, wenn er sein Gepäck und sein Birkenrindenkanu von einem Gewässer zum nächsten trägt. Zum Glück wiegt das trockene Kanu nur ungefähr zwanzig Kilogramm.

Oben
Stromabwärts kommt man auf Flüssen rasch voran. Doch hin und wieder stößt man auf Untiefen. Dann muss man das Kanu hinter sich herziehen oder tragen.

» Ich bin hier geboren und aufgewachsen. Seit über fünfzig Jahren atme ich diese Luft, sehe dieses Licht, und ich kann mir nicht vorstellen, irgendwo anders zu leben. Diese wilden Täler der Rocky Mountains sind mein Zuhause. Hier finde ich alles, was für mich wichtig ist, alles, was ich brauche. «

Wasserläufe

Flüsse, Seen, Bäche und Sümpfe nehmen über die Hälfte der Fläche Nordkanadas ein. Deshalb war das Kanu das wichtigste Verkehrsmittel der »Ersten Völker«, wie die indianischen Ureinwohner Kanadas genannt werden. Das hat sich bis heute nicht geändert. Auch Norman, unser letzter Trapper, setzt in der wärmeren Jahreszeit für seine Streifzüge überwiegend das Kanu ein. Zu Pferd ist er hauptsächlich dann unterwegs, wenn es in die Berge und dort von Tal zu Tal geht.

Das Kanu ist ein schnelles, vor allem aber ein leises Transportmittel. Norman nutzt es, um sein Revier zu durchstreifen, für seine Fallen neue Standplätze zu suchen und sie im Herbst dort aufzustellen oder um Elche zu jagen.

Kanus bestehen traditionell aus einem Rippengerüst aus Birken, Eschen- oder Weidenholz, das mit Birkenrinde überzogen wird. Hoch oben im kanadischen Norden, wo die Bäume nicht kräftig genug werden, um verwertbare Rindenstücke zu liefern, bespannen die Menschen ihre Kanus mit zusammengenähten Elch- oder Karibuhäuten. Bei beiden Kanutypen werden die Nähte anschließend mit einem Gemisch aus Fett und Harz abgedichtet. Immer wieder kommt es vor, dass man sein Kanu von einem See zum anderen oder von einem Wasserlauf zum nächsten tragen muss. Da die mit Tierhäuten überzogenen Kanus sehr schwer sind, werden sie nicht besonders geschätzt. Dem Beispiel der Bewohner von seenreichen Sumpfgebieten folgend, verwendet Norman am liebsten ein kleines Kanu für ein oder zwei Personen, das leicht und ohne weiteres auf dem Rücken zu tragen ist. Es ist das typische Kanu der Trapper, die kreuz und quer durch ihre Reviere ziehen und dabei nicht immer den Wasserläufen folgen. Menschen, die an großen Flüssen wie dem Yukon oder dem Mackenzie leben, bevorzugen dagegen wesentlich geräumigere Kanus für vier bis zwölf Personen, die außer den Passagieren noch bis zu zwei Tonnen Ware aufnehmen können.

ALLEIN ODER IN GESELLSCHAFT REISEN

Mit einem kleinen Kanu zu fahren ist gar nicht so leicht, denn aufgrund seines geringen Gewichts ist seine Lage im Wasser nicht besonders stabil. Das Beladen erfordert große Umsicht und die Paddelschläge müssen sehr präzise ausgeführt werden. Wenn Stromschnellen zu überwinden sind, kniet Norman im Boot. So hat er mehr Halt, kann den Schwerpunkt des Kanus gezielt verlagern und sich besser auf schwierige Abschnitte einstellen. Das Kanu wird dann zu einer Wasser abweisenden zweiten Haut, die es ihm erlaubt, geschmeidig und schnell voranzukommen. Normans treuer Gefährte, der Schlittenhund Nanook, begleitet ihn auf allen seinen Streifzügen, egal welches Verkehrsmittel Norman wählt. Hunde lernen schnell, im Boot heftige Bewegungen zu vermeiden. Sie lernen auch, an Bord zu gehen und – was viel schwieriger ist – auszusteigen, ohne das Kanu aus dem Gleichgewicht zu bringen. Es macht ihnen Spaß, über das Wasser zu gleiten, und sie können stundenlang reglos dasitzen und die an ihnen vorbeiziehende Landschaft mit den Augen nach den Tieren absuchen, deren Gerüche ihnen über das Wasser entgegenwehen. Nanook macht sich auch nützlich, indem er vor drohenden Gefahren warnt: vor einem Grizzly, der in einem kleinen Wasserlauf Fische fängt, oder vor einem Bärenweibchen, das sich mit seinen Jungen am Ufer aufhält. Manchmal entdeckt er jagdbares Wild oder ein verletztes Tier.

Hunde waren auch die ständigen Begleiter der Indianer. Wenn ein Teil ihres Weges sie über Land führte, trugen die Männer die Kanus mithilfe eines Lederriemens, den sie an den Holzrippen des Bootes befestigten und quer über ihre Stirn legten. Frauen und größere Kinder übernahmen das Gepäck, und jedem Hund wurden zwei Tragesäcke von etwa zehn Kilogramm Gewicht pro Sack aufgeladen. Auch wenn viele der alten Indianerpfade inzwischen verschwunden sind, kann man doch noch gelegentlich ihre Spuren entdecken.

Links
Eine Wasserstraße stellt nicht immer die kürzeste Verbindung zwischen zwei Punkten dar. Doch auch wenn sich ein Fluss mit unzähligen Schleifen und Bögen durch die Landschaft schlängelt, ist man auf ihm schneller als zu Fuß.

Vorhergehende Doppelseite
Auf Streifzüge durch sein Revier nimmt Norman fast immer Nanook mit, den Leithund seiner kleinen Meute von sieben Hunden. Nanook leistet ihm nicht nur Gesellschaft, sondern warnt auch vor Gefahren und zeigt seinem Herrn die Nähe von Wild an.

EINE AUSGEFEILTE TECHNIK

Manche Bewohner des Nordens legten weite Strecken zurück, um im Süden die großen Rindenstücke zu besorgen, die sie für die Herstellung ihrer Kanus benötigten. Die Rinde diente früher auch als Tauschmittel, denn sie war bei den Völkern des baumlosen Nordens sehr begehrt.

Die einzelnen Stücke wurden mit einem aus Wurzelfasern hergestellten Faden zusammengenäht. Um die Nähte abzudichten, bestrich man sie mit einer Paste aus gekochtem Fett und Nadelbaumharz. Das Harz wurde den Bäumen an Stellen entnommen, an denen die Rinde aufgeplatzt war. Oder man machte Einschnitte in die Rinde kräftiger Bäume, die so gesund waren, dass ihnen diese »Aderlasse« nichts ausmachen konnten.

Normans Kanu ist nicht nur extrem leicht, es hat auch den Vorteil, dass es unterwegs repariert werden kann. Zwar stehen nicht an jedem Gewässer große Birken, doch meist genügt schon die Rinde kleinerer Bäume, die fast überall in Gruppen wachsen, und auch an Harz herrscht kein Mangel.

Ganz oben links
Wenn die Strömung zu stark ist, als dass man rudernd flussaufwärts fahren könnte, zieht man das Kanu an zwei Seilen hinter sich her, von denen eines am hinteren und das andere am vorderen Ende des Bootes befestigt ist. Natürlich geht das nur, wenn die Ufer begehbar und nicht allzu dicht bewachsen sind.

Oben links
Wenn der Weg von einem Gewässer zum nächsten führt, bleibt nichts anderes übrig, als das Kanu zu tragen. In diesen Fällen geht man mehrmals: einmal mit dem Kanu und zwei- bis dreimal mit Vorräten und Gepäck. Einen Teil davon kann man aber auch dem Hund aufladen.

Oben rechts
Bevor man ein Birkenrindenkanu über Land trägt, lässt man es am besten trocknen. Nach einigen Stunden ist es mehrere Kilogramm leichter und der Trapper spart Kraft und Energie.

Ganz oben und oben
Das Holzgerippe des Kanus wird mit Birkenrindenstücken überzogen, die man mit Fasern aus Weidenwurzeln zusammennäht. Um sie abzudichten, bestreicht man die Nähte mit einer Mischung aus Tannenharz und Biberfett, die man über dem Feuer zum Schmelzen gebracht hat. Kanus in dieser Bauweise lassen sich überall leicht reparieren, das Material dazu liefert die Natur.

Nachfolgende Doppelseite
Im Sommer schwimmen mehrere Lachsarten die Wasserläufe hinauf zu ihren Laichplätzen. Die Bären fangen sie in rauen Mengen. Wenn man mit einigem Abstand an ihnen vorbeifährt, nehmen sie einen kaum zur Kenntnis.

Bei Trappern ebenso wie bei ihren Hunden steht häufig Fisch auf dem Speiseplan. Am rationellsten fängt man Fische, indem man dort, wo sie selbst Insekten und Larven jagen, Netze aufspannt.

Nebraska ist eine Indianerin vom Volk der Nahanni und lebt seit 15 Jahren mit Norman zusammen. Ebenso sehr wie er liebt sie das einfache Leben inmitten der herrlichen Landschaft ihres Jagdreviers.

» Nebraska und ich sind seit 15 Jahren zusammen und sie liebt dieses Leben ebenso wie ich. Wir spüren, dass die Harmonie zwischen uns und dieser wilden Natur, die anderen feindselig vorkommt, perfekt ist. «

DER PLATZ DES MENSCHEN

Ein vernünftig bewirtschafteter Wald bringt mehr und hochwertigeres Holz hervor als ein vom Menschen unberührter Wald. Ein Holzfäller – sofern er nicht für die großen Holzgesellschaften arbeitet, die ganze Wälder abholzen – fällt alte Bäume oder schlägt dort einzelne Exemplare heraus, wo sie zu dicht wachsen. Dadurch erhalten die anderen Bäume mehr Platz und Licht. Er nutzt ausgewachsene Bäume, solange sie jung und gesund sind, und er achtet darauf, genügend erwachsene Bäume stehen zu lassen, damit sich der Bestand erneuern kann.

Das Beispiel zeigt, dass der Mensch durchaus in der Lage ist, den ihm bestimmten Platz einzunehmen. Eine vernünftige Nutzung kommt dem Wald zugute. Es findet ein für beide Seiten vorteilhafter Austausch statt.

Für die meisten Städter, die das Leben in der freien Natur unter ihren Gesetzen nicht kennen, ist der Trapper einfach nur ein Mann, der Tiere tötet. Sie glauben, dass die Tierpopulation eines Gebietes dichter wäre, wenn es nicht von einem Trapper genutzt würde. Diese Vorstellung entspricht keineswegs den Tatsachen. Ein richtiger Trapper verhält sich in seinem Revier wie ein verantwortungsbewusster Holzfäller. Durch gezieltes Eingreifen steuert er die Entwicklung der Tierpopulationen. Tiere, die in vernünftigem Maße bejagt werden, vermehren sich stärker, denn die Natur neigt dazu, Lücken zu füllen. Gleichzeitig ist der Bestand gesünder. Damit erfüllt der Trapper die eigentliche dem Menschen zugedachte Aufgabe, denn ungeachtet dessen, was viele denken, ist der Mensch ein Teil der Natur und hat in ihr seinen Platz. Natürlich kommt die Natur auch ohne den Menschen zurecht, doch geht dies stets auf Kosten von beiden. Anstatt eine künstliche Welt zu schaffen und einen ebenso künstlichen Schutz für die Natur einzurichten, sollte der Mensch seine Intelligenz und seine Fähigkeiten nutzen, um in Harmonie mit der Umwelt zu leben.

DIE FRAUEN DER TRAPPER

Die Idee der Anpassung des Menschen an die Natur ist einer der schönsten Aspekte der Lebensweise der Trapper, Indianer und Inuit. Doch der Alltag dieses Lebens in Einklang mit der Umwelt war schon immer hart.

Seit frühester Zeit waren die Gefährtinnen der Trapper meistens Indianerinnen oder Inuitfrauen. Nur sehr wenige weiße Frauen können das Leben in der Abgeschiedenheit der Wildnis ertragen, zumal es Fertigkeiten voraussetzt, die sie häufig nicht mitbringen. Aber auch Nachfahren der Ureinwohner sind nicht immer für die Einsamkeit geschaffen. Dies ist wohl mit ein Grund dafür, dass Norman Winter schon dreimal verheiratet war, bevor er seine jetzige Frau Nebraska, eine Nahanni, kennen lernte: zweimal mit Frauen aus dem Volk der Cree und einmal mit einer Inuit aus Inuvik in den Northwestern Territories.

Wenn die Männer ihre Fallen kontrollieren, gehen die Frauen nur selten mit. Bei den Inuit begleiteten die Frauen ihre Männer früher auf die Jagd und übernahmen bestimmte Aufgaben: Sie bauten gemeinsam mit den Männern Iglus und führten den Haushalt, flickten und reparierten Kleidung und Gebrauchsgegenstände und kümmerten sich um die Hunde, die Mahlzeiten und die Felle der getöteten Tiere, die sie reinigten und gerbten. Das ist heute kaum noch üblich. Die meisten Frauen leben inzwischen in Dörfern in der Nähe der Jagdreviere. Der Trapper sucht seine Fallen allein auf, wann immer die Schneeverhältnisse und Temperaturen es zulassen. Viele Trapper gönnen sich zum Jahresende eine Verschnaufpause und kehren dann zu ihren Familien zurück. Bei dieser Gelegenheit verkaufen sie die Felle der Tiere, die sie in der ersten Winterhälfte, dem zumeist ergiebigsten Abschnitt des Winters, erlegen konnten, und versorgen sich für den Rest der kalten Jahreszeit mit Vorräten. Die Frauen behandeln die Felle und kümmern sich oft auch um den Verkauf. Meist

Nachfolgende Doppelseite
Das Ende des Sommers ist die beste Zeit für Kanufahrten, denn dann wird es auf dem Wasser nicht mehr so heiß. Norman und Nebraska erkunden ihr neues Revier.

Rechts
Ob Sommer oder Winter – im und am Blockhaus gibt es immer viel Arbeit. In den wenigen Wochen, in denen das Wetter so mild ist, dass Pflanzen wachsen und Früchte reifen, verbringt Nebraska viel Zeit mit dem Pflücken und Sammeln von Kräutern, Pilzen und Beeren, die sie trocknet oder einkocht.

Von Fischottern ist Norman begeistert. Er kann ihnen stundenlang beim Spielen und beim Fischfang zusehen. Noch nie hat er einen Fischotter gefangen. Es sind seine Totemtiere; er habe, so sagt er, »eine Schwäche für sie«.

Manche Fischotter sind sehr verspielt und neugierig und haben keine Angst vor Menschen. Norman kann sie in aller Ruhe beobachten.

» Es wird immer schwieriger, Pelztiere zu finden, und außerdem sinken die Preise für die Felle, sodass ich auf keinen grünen Zweig mehr komme. Ich will ein neues Tal erkunden. Es wird nicht leicht sein, denn ich kenne die Gegend dort überhaupt nicht, und es kann gefährlich werden, vor allem, weil nicht viel Zeit bleibt. Bald wird es Herbst, und ich muss vor dem Winter ein Revier finden, sonst kann ich die Saison nicht nutzen. «

verwalten sie das Geld und bestimmen darüber, was der Mann kaufen darf.

DIE NATUR IST GROSSZÜGIG

Die Rocky Mountains, in denen Normans Jagdrevier liegt, sind ein artenreicher Lebensraum. In den höheren Regionen trifft man viele Bergtiere an, darunter Dall-, Dickhorn- und Stoneschafe sowie Schneeziegen. Hier lebt auch der Schwarzwedel- oder Maultierhirsch, ein zierlicher Hirsch, der sich wie sein größerer Cousin, der Wapiti, im Sommer bis in den Gipfelbereich hinaufwagt. Gelegentlich sichtet Norman das typische Raubtier der nordamerikanischen Bergregionen, den Puma, dessen Bestände hier oben in Kanada klein sind.

Im Herbst jagen die Trapper Hirsche und Wildschafe, um etwas Abwechslung auf ihren Speiseplan zu bringen. Wichtigste Fleischlieferanten sind für sie jedoch Karibus und Elche. Vor allem im Winter wird auf Elche Jagd gemacht – ein einziges Tier liefert bis zu vierhundert Kilogramm Fleisch!

Wie die meisten Bewohner des Nordens ernähren sich die Trapper jedoch überwiegend von Fischen, Hasen und Hühnervögeln, zu denen das Schnee- und das Tannenhuhn zählen, und sie essen das Fleisch von Bibern und Luchsen. Das Fleisch der übrigen Tiere, die sie wegen ihrer Felle fangen – wie Fischermarder und andere kleinere Marderarten, Vielfraße und Wölfe –, ist für den Menschen ungenießbar und dient gefroren als Hundefutter oder Köder. Das Fleisch des Baribal (Amerikanischer Schwarzbär) schmeckt köstlich und ist sehr zart. Ganz anders das Fleisch des Grizzlys, dessen strenger Geschmack daran erinnert, dass diese Bärenart Aas frisst. Das Fleisch des weiter nördlich lebenden Eisbären ist genießbar, während seine Leber zu viel Vitamin A enthält und für den Menschen schädlich ist.

Auf ihren Streifzügen begegnen die Trapper einer Vielzahl kleinerer Tiere wie Rothörnchen, Grauhähern und Schneeammern. Im Sommer kommen verschiedene Arten von Eistauchern hinzu sowie Enten und Gänse, Lappentaucher, wilde Schwäne, Bussarde, Falken, Geier, Sperber und Adler, darunter der berühmte Weißkopfseeadler. Auch in den Sümpfen gibt es eine große Artenvielfalt. Hier leben Möwen, Regenpfeifer, Schlammläufer, Schnepfen, Seeschwalben, Strandläufer und Wassertreter.

Der Trapper kann in der Natur aus dem Vollen schöpfen. Gelegentlich sammelt er Eier, um Omelettes oder *bannocks,* die Pfannkuchen der Inuit, zuzubereiten, in deren Teig er gerne Blaubeeren oder wilde Johannisbeeren und Himbeeren einrührt.

Links
Ein Mensch, der in der Natur auf sich gestellt ist, entwickelt eine scharfe Beobachtungsgabe. Er weiß, wo er nach Tieren einer bestimmten Art zu suchen hat, und versteht die Zeichen zu deuten, die ihre Anwesenheit verraten.

Nachfolgende Doppelseite
Die Indianer sagen, dass die Landschaften, durch die man zog, das Gesicht prägen und dass sich die Schönheit, die man sah, in den Augen widerspiegelt.

Der Grizzly

Anders als der Eisbär greift der Grizzly Menschen niemals grundlos an, aber er verteidigt sich, wann immer er sich bedroht fühlt. So kommt es jedes Jahr zu ungefähr einem Dutzend Unfällen, die meist aus einem der drei nachstehenden Gründe erfolgen: Zum einen verteidigen Weibchen ihre Jungen, wenn ihnen ein Mensch zu nahe gekommen ist. Gelegentlich entfernen sich die Bärenmütter ein Stück weit von ihrem schlafenden Nachwuchs, um Fische zu fangen, Beeren zu fressen oder um sich ein wenig in der Umgebung umzuschauen. Kommen in solchen Momenten Menschen vorbei und geraten sie noch dazu zwischen Bärin und Bärenkinder, ist der Angriff praktisch unvermeidlich. Der zweite Grund für Angriffe hängt damit zusammen, dass Bären, vor allem männliche, ihr Futter verteidigen – oder aber das, was sie dafür halten. Als ihr Futter betrachten Bären auch sämtliche Lebensmittel, die Menschen in ihr Revier bringen. Deshalb sollte man beim Campen Nahrung sehr sorgfältig verstecken. Ein Grizzly, der das Nahen eines Menschen rechtzeitig mitbekommt, flieht wie jedes andere wild lebende Tier. Zum Dritten fühlen sich Bären in die Enge getrieben, wenn sie plötzlich einem Menschen gegenüberstehen, der sie unbemerkt überrascht, weil sie geschlafen haben oder weil sie ihm in dichtem Gestrüpp begegnen.

GEISTESGEGENWART

In Situationen wie diesen wird sich der Bär auf die Hinterbeine stellen, um die Lage besser zu übersehen und den potenziellen Gegner zu beeindrucken. Wer einschlägige Erfahrungen besitzt, kann einschätzen, ob es sich um einen Einschüchterungsversuch oder aber tatsächlich um den Beginn eines Kampfes handelt. In jedem Fall sollte man ganz ruhig stehen bleiben. Eine Flucht würde nur den Jagdinstinkt des Bären wecken und ihn veranlassen, hinterherzulaufen. Die einzig richtige Reaktion besteht darin, den Bären anzusehen und sich nicht oder nur sehr langsam zu bewegen. Dabei sollte man das Tier nicht aus den Augen lassen, denn es könnte sein, dass man ihm den einzigen Fluchtweg versperrt. Je länger diese Phase des gegenseitigen Beobachtens dauert, desto geringer wird die Wahrscheinlichkeit, dass es tatsächlich zu einem Kampf kommt.

Bären greifen nur sehr selten an, es sei denn, sie können nicht fliehen. Ein Freund von mir traf einmal in einer schmalen Schlucht, einer Art Sackgasse, auf einen Grizzly, und selbst in dieser Situation ergriff der Bär die Flucht und drängelte sich an meinem Freund vorbei zum Ausgang der Talenge, ohne ihn anzugreifen. Der erfahrene Waldbewohner kann die Gefährlichkeit der Lage einschätzen und verliert auch angesichts eines Grizzlys nicht die Nerven.

Um für den Film die Szene mit Norman und dem Bären zu drehen, die einander unversehens im Wald gegenüberstehen, holten wir uns allerdings einen dressierten Bären. Begegnungen mit Grizzlys sind selten, und wer weiß, wie lange wir hinter Norman hätten herlaufen müssen, bis es zu einem solchen Zusammentreffen gekommen wäre!

Unser Bär wog achthundert Kilo und maß aufgerichtet über drei Meter. Er war sehr beeindruckend, aber perfekt abgerichtet, und so konnten wir die Begegnung genauso nachstellen, wie Norman sie erzählt hatte: Er war in seinem Revier unweit seines Blockhauses gewesen, unterwegs zu einer Stelle, an der hohe, gerade Birken wuchsen, um Rinde zu holen. In einem Fichtenwald sah er sich plötzlich einem mächtigen, schlecht gelaunten Grizzlybären gegenüber, der sich sofort aufrichtete und brummte. Was hatte dieser lächerliche kleine Mensch bloß in seinen Jagdgründen zu suchen? Norman blieb stehen und sah den Bären an. Der Grizzly blieb ebenfalls stehen und zeigte, wie wütend er war. Dann aber begann er, nach links und rechts zu spähen. Er war auf dem Pfad bergab gelaufen, auf dem Norman bergauf gestiegen war. Norman begriff sofort, dass der Bär nicht angreifen würde und nur nach einem Fluchtweg suchte, deshalb schrie er laut: »Ouuuuuu!« Der Bär zuckte zusammen und floh.

Nachfolgende Doppelseiten
Der Grizzly beeindruckt durch seine Größe und seine Masse. Wenn er die Zähne zeigt und brüllt, gefriert einem das Blut in den Adern. Aber man muss um jeden Preis gelassen bleiben und das Ende der Drohphase abwarten.
Vor allem sollte man sich nicht bewegen, bis der Bär sein Imponierritual abgeschlossen hat. In neun von zehn Fällen wird der Bär, nachdem er seine Überlegenheit gezeigt hat, friedlich von dannen ziehen.

Rechts
Norman ist in seinem Leben schon mehrmals einem Bären begegnet. Er weiß, dass diese Tiere unberechenbar sind. In solchen Situationen muss man ruhig bleiben, sorgfältig die Lage einschätzen und darf auf keinen Fall durch das plötzliche Auftauchen von Meister Petz in Panik geraten.

Wenn sich ein Hund plötzlich einem Bären gegenübersieht, weil er ihn zuvor nicht gewittert hat, folgt er seinem Instinkt und provoziert das Tier nicht. Nanook würde den Bären niemals angreifen, es sei denn, dieser würde ihn oder Norman bedrohen.

Nach dieser Begegnung muss sich Norman erst einmal ein Weilchen hinsetzen. Vorsichtshalber hat er das Gewehr hervorgeholt, wenn es ihm auch im Notfall wenig nützen würde: Selbst ein tödlich verwundeter Grizzly kann noch angreifen.

Das Blockhaus

Trapper errichten sich ihren »Hauptwohnsitz«, ein größeres Blockhaus, meist an einer zentralen Stelle ihres Reviers in unmittelbarer Nähe eines Sees oder Wasserlaufs. Auf diese Weise ist die Wasserversorgung gesichert, und sie haben es auch nicht weit, wenn sie fischen oder im Herbst Enten und Gänse jagen wollen.

In erreichbarer Nähe des zukünftigen Wohnortes sollte es Nadelbäume geben, deren Stämme sich als Baumaterial eignen. Bäume der richtigen Größe wachsen nicht in hohen Lagen. Sie sollten sich nach oben hin nicht allzu stark verjüngen, und die Stämme sollten einen Durchmesser von zwanzig bis vierzig Zentimetern haben, denn je dicker ein Baumstamm ist, desto schwieriger wird es, ihn zu befördern. Welche Stärke man wählt, richtet sich auch danach, wie man die Stämme transportieren will. Ein Mann, der auf sich allein gestellt ist, wird leichte Stämme auswählen, die man aber in großer Anzahl übereinander legen muss, um eine annehmbare Wandhöhe zu erreichen. Außerdem macht es mehr Arbeit, die dünnen Stämme einander anzupassen, wodurch sich die gesamte Bauzeit verlängert. Ideal ist es, für den Transport ein Pferd einzusetzen, denn dann kann man dickere Stämme verwenden. Um eine ungefähr zweieinhalb Meter hohe Wand zu errichten, genügen meist zehn von ihnen.

DIE AUSWAHL DER BÄUME

Hat man den Standort bestimmt, so wählt man die benötigten Bäume aus und markiert sie. Wichtig ist, möglichst gerade gewachsene Bäume zu nehmen, deren Kronen aus nur wenigen Ästen bestehen. Dort, wo der Waldboden nährstoffarm ist, wachsen minderwertigere Bäume und manchmal hat ganz in der Nähe ein fetterer Boden bessere Exemplare hervorgebracht. Ein geschultes Auge entdeckt rasch die richtigen Waldstellen.

Die Bäume werden nacheinander gefällt und an Ort und Stelle entrindet, damit sie glatter sind und leichter gleiten. Besonders wichtig ist das, wenn Pferde zum Transport eingesetzt werden. Pferde neigen dazu, besonders heftig zu ziehen. Wenn der geschleppte Stamm irgendwo hängen bleibt oder wenn sich die schwere Schlepplast ruckartig bewegt, könnten die Pferde Schaden nehmen. Die Rinde lässt sich leichter entfernen, wenn die Stämme in der ersten Hälfte des Sommers geschlagen wurden. Dann nämlich fließt der Baumsaft zwischen Rinde und Holz und bewirkt, dass sich ein Hohlraum bildet. Wenn später im Jahr der Baumsaft in die Krone aufgestiegen ist, klebt die Rinde durch die angetrockneten Harzrückstände fest am Stamm und man kann sie nur mithilfe eines Schälmessers entfernen, das man mit beiden Händen am Stamm entlang zu sich her zieht. Diese mühsame Arbeit mussten Norman und Nebraska in unserem gemeinsam verbrachten Jahr auf sich nehmen, weil sie einen Teil des Sommers mit der Suche nach einem geeigneten Standort verbracht hatten und mit dem Bau des Hauses erst Mitte Juli beginnen konnten, als das Aufsteigen des Baumsaftes bereits abgeschlossen war.

Es braucht seine Zeit, ein Pferd an das Schleppen von Baumstämmen zu gewöhnen. Wenn es diese Arbeit noch nicht kennt, weiß es nicht, dass es den ihm folgenden Baum selbst zieht und dass es den Abstand zwischen sich und dem Baum, der ihm Angst macht, nicht dadurch vergrößern kann, dass es immer schneller läuft. Man darf nie vergessen, dass Pferde Fluchttiere sind und Schnelligkeit ihre einzige Waffe gegen ihre Feinde ist. Um das Pferd behutsam an seine neue Aufgabe heranzuführen, lässt man es zunächst kleine Stämme an langen Seilen ziehen. Mit der Zeit werden die Stämme schwerer und die Seile kürzer. Ein ruhiges, ausgeglichenes Pferd lässt sich in wenigen Tagen zum sicheren Partner für die Holzgewinnung ausbilden. Man kann das Seil an einem Pack- oder Reitsattel befestigen, die ideale Lösung aber ist ein eigens für diesen Zweck hergestelltes Geschirr mit einem gut gepolsterten Lederkummet, das das Gewicht gleichmäßig auf die Schultern des Pferdes verteilt.

Links
Weil Holzgesellschaften Hunderte von Hektar Wald in Kahlschläge verwandelten, musste Norman sein altes Revier verlassen. Ein Stück weiter weg fand er endlich wieder eine ruhige Gegend. Hier wollen Nebraska und er ein neues Blockhaus bauen.

Vorhergehende Doppelseite
Zehntausende von Hektar und keine Menschenseele – außer Nebraska und Norman, die zu den hier lebenden Tieren eine sehr intensive Beziehung unterhalten, die auf Respekt und gegenseitiger Achtung beruht.

Vorhergehende Doppelseite
Wachsen in der Nähe der Baustelle nicht genügend geeignete Bäume, so muss man die Stämme, die zwischen 100 und 200 Kilogramm wiegen, über größere Strecken transportieren. Wenn der Weg durch Wasser führt, kann das Pferd Kräfte sparen.

Oben
Sobald Norman den Baum gefällt hat, schält Nebraska die Rinde ab. Je schneller man den Baum nach dem Fällen entrindet, desto leichter geht es.

Oben
Es empfiehlt sich, mit dem Errichten der Wände erst dann zu beginnen, wenn man eine genügend große Anzahl gefällter Stämme zur Verfügung hat. Dann kann man nämlich sehen, welcher Stamm gut auf welchen passt, und eine zweckmäßige Reihenfolge festlegen.

Oben
In den Stamm wird eine Rinne geschnitten, damit er später gut auf seinem Vorgänger aufliegt. Bevor man den Stamm an seinen Platz legt, füllt man die Rinne mit Moos. So bleiben zwischen den Stämmen keine Ritzen und man kann den Innenraum der Hütte sogar bei –50 °C warm bekommen.

DAS BEARBEITEN EINES STAMMES

Das Fällen eines Baums dauert zehn Minuten, das Entrinden ungefähr eine halbe Stunde und für den Transport benötigt man etwa dreißig bis sechzig Minuten. Es macht viel Arbeit, einen Baumstamm so zu bearbeiten, dass er sich perfekt an den darunter liegenden anpassen lässt. Man nimmt den Stamm, sägt ihn zu, schlägt Kerben in die Enden und schneidet auf einer Seite längs eine Rinne hinein, überprüft seine Lage, macht sich Notizen, nimmt ihn wieder heraus, schneidet noch etwas weg und so weiter, zehn- oder fünfzehnmal, bis er zufriedenstellend eingepasst ist und man sich den nächsten vornehmen kann. Das dauert gut eine Stunde, und für das Ausfüllen der eingeschnittenen Rinne mit Moos muss man mindestens eine weitere halbe Stunde einplanen. Norman hat sich ausgerechnet, dass jeder fertig eingepasste Stamm Nebraska und ihn vier Stunden Arbeit kosten. Um vier Wände aus je zwölf Stämmen zu zimmern, braucht man also etwa zwei Wochen. Er schätzt, dass er für den Dachstuhl und das Herausschneiden der Öffnungen für eine Tür und drei Fenster weitere zwei Wochen benötigen wird. Der Innenausbau wird ungefähr zehn Tage in Anspruch nehmen. Somit dauert der Bau des Blockhauses nur fünf oder sechs Wochen, denn schließlich hat Norman keine 35-Stunden-Woche und der Sonntag ist für ihn ein Tag wie jeder andere.

Oben
Die günstigste Position der Rinnen misst und markiert man mit einem besonderen Zirkel, an dem zwei kleine Wasserwaagen angebracht sind. Nur wenn die Rinne exakt ausgemessen wurde, liegt der Stamm fugenlos auf seinem Vorgänger auf. Zwischen Stämmen, die so gut miteinander verfugt sind, wie das Beispiel dieser Hausecke zeigt, kommt keine Zugluft mehr durch.

Oben
Wenn sie sich beim Beerensammeln weiter vom Haus entfernen muss, ist Nebraska froh darüber, Nanook bei sich zu haben. Auch Bären mögen Beeren, und Nebraska würde sie nur ungern bei ihrem Festschmaus stören. Wenn Nanook Bären wittert, warnt er sie.

Vorhergehende Doppelseite
Weil Treibstoff in den Wäldern nicht unbedingt leicht zu beschaffen ist, verzichtet Norman auf Motorsägen. Mit einer scharf geschliffenen Bundsäge sägt er einen Baumstamm dieser Stärke in knapp einer Minute durch.

Oben
Der sich ständig verändernde Lichteinfall lässt die prachtvollen Farben des *Indian Summer* lebendig erscheinen. Jeden Tag sieht alles ganz anders aus, auch weil die Verfärbung der Blätter rasch voranschreitet.

DER ZUSAMMENBAU

An der Baustelle zieht Norman mithilfe eines eigens für diesen Zweck bestimmten Zirkels längs über den Stamm einen geraden Kreidestrich. Entlang der Markierung schneidet er mit einem besonderen Werkzeug eine Rinne in den Stamm, die anschließend mit Moos gefüllt wird. Dank der so entstandenen elastischen Auflagefläche liegt der Stamm stabil auf seinem Vorgänger auf und es bleiben keine Ritzen. Die Einkerbungen an den Hausecken werden nach dem gleichen Prinzip ausgeführt, aber natürlich tiefer ausgehöhlt. Anschließend wird der Stamm – manchmal auch mit einem Flaschenzug – auf den ihm zugedachten Platz gehoben und genau über den zuvor eingepassten Stamm gelegt.

Die Tür- und Fensteröffnungen schneidet Norman erst aus, nachdem die vier Wände fertig gestellt sind. Das ist einfacher so, auch wenn er auf diese Art und Weise zunächst mehr Holz braucht. Die anfallenden Holzreste können später gut für Möbel und Innenausbau verwendet werden.

Wenn man die Breite der Tür bestimmt, muss man berücksichtigen, was man im Winter mit ins Haus bringen will, um im Warmen daran arbeiten zu können. Früher hatte die Tür die Breite eines Schlittens, heute muss eher das Schneemobil hindurchpassen; die Tür ist also im Laufe der Jahre breiter geworden.

In der Vergangenheit hatten die Blockhäuser von Trappern nur ein einziges kleines Fenster, und wenn kein Glas zur Verfügung stand, verwendete man eine Eisscheibe oder gegerbte Därme. Heute kann man sich dagegen mehrere Fenster leisten, zumal es kaum zu Wärmeverlust kommt, wenn man sie doppelt verglast.

DACH UND BODEN

Beim Bau eines Blockhauses werden viele »halbe Stämme« verwendet: Man sägt Stämme der Länge nach in der Mitte durch und erhält so zwei glatte Oberflächen. Diese Stammhälften mit glatter Schnittfläche benötigt man zum Beispiel für die Terrasse oder den Fußboden. Das Dach besteht aus grob gespaltenen Stämmen. Man kann das Dach aber auch aus kleineren Stämmen zusammenfügen, die man aneinander legt. Darauf kommt eine zehn bis 15 Zentimeter dicke Schicht Erde, die wärmeisolierend wirkt. Um das Dach Wasser abweisend zu machen, schneidet man auf einer Wiese, einer Lichtung oder an einem Bachufer quadratische Grassoden von ungefähr sechs Zentimetern Dicke aus. Man legt diese Soden dicht an dicht mit den Wurzeln nach oben auf das Dach. Im Laufe weniger Wochen wächst das Licht suchende Gras wieder durch die Soden und kommt auf der Wurzelseite heraus. Durch die eng miteinander verflochtenen Wurzeln und Grashalme werden die Soden zunehmend wasserfester. Dieser alten Methode zieht man heute allerdings Plastikabdeckungen oder Teerpappe vor. Der Hohlraum zwischen Erde und Fußboden wird mit Moos und anderem Pflanzenmaterial gefüllt, damit durch die Ritzen zwischen den halben Stämmen keine kalte Luft hereinzieht.

Die meisten Holzhäuser verfügen über einen Dachvorsprung, der sommers wie winters Wetterschutz bietet. Hier bleiben Nahrungsmittel kühl und Werkzeuge trocken. Im Winter verhindert der Dachvorsprung auch, dass herumliegendes Werkzeug – zum Beispiel die Säge und die Axt für das Brennholz – unter einer dicken Schneedecke verschwinden. Wenn man wichtiges Werkzeug im Schnee nicht mehr wiederfindet, kann einem das in der Wildnis zum Verhängnis werden.

Trapper, die Wert auf Lebensqualität legen, bauen sich in ihrem Revier an Orten, an denen sie Fallen aufstellen, mehrere kleine Block-

Nachfolgende Doppelseite
Sobald das Haus fertig gestellt ist, wird Norman in die Stadt reiten, um dort Glas für die Fenster zu kaufen. Außerdem brauchen sie noch Vorräte für den Winter: Dochte und Petroleum für die Lampen, Fallen, Zucker, Salz, Tee, Kaffee, Mehl und Speck. Er wird einige Tage lang unterwegs sein.

Rechts
Beim Blockhausbau entfällt etwa ein Drittel der benötigten Zeit auf das Einpassen der Stämme. Das Dach zu zimmern und dem Haus den letzten Schliff zu geben geht danach viel schneller und ist im Großen und Ganzen auch eine angenehmere Arbeit.

» Jetzt müssen wir noch neun oder zehn Stämme rundum aufsetzen
und dann kommt das Dach an die Reihe.
Wenn das fertig ist, ziehen wir ein. «

» In ein oder zwei Wochen gehe ich nach Dawson und kaufe die Fenster und alles, was wir für den Winter brauchen. Mir ist lieber, ich kann dich hier im Haus zurücklassen als in einem Zelt. «

hütten mit wenigen Quadratmetern Fläche. Diese sind auf jeden Fall komfortabler als die mit einem Öfchen ausgestatteten Zelte, mit denen sich viele andere Pelzjäger auf ihren Streifzügen von Falle zu Falle behelfen. In den Hütten lassen die Trapper stets genügend von all dem zurück, was sie brauchen, um schnell Feuer machen zu können, denn Feuer kann lebenswichtig sein. In den Ländern des hohen Nordens gilt es als leichtsinnig, ja sogar als Verbrechen, eine Hütte wieder zu verlassen, ohne einen Arm voll Brennholz und ein paar Scheite zurückzulassen.

ISOLIEREN

Sobald Norman den »Rohbau« fertig gestellt hat, muss sich Nebraska, deren Aufgabe das Isolieren ist, beeilen, denn niemand kann vorhersagen, wann der Winter kommen wird, und bereits jetzt im Herbst sind Temperaturen um den Gefrierpunkt keine Seltenheit. Der Frost wiederum erschwert das Moossammeln, und in der Kälte schmerzen Nebraska dabei oft die Finger. Das Ausfüllen aller Zwischenräume im Hüttenboden, aller Einkerbungen und Fensterkanten mit Moos ist langwierig und mühsam. Bei dieser Arbeit stopft man in die Hohlräume möglichst viel Moos, vor allem dann, wenn es feucht ist, denn es schrumpft beim Trocknen und füllt sonst die Ritzen und Hohlräume nicht mehr aus. Die Arbeit erfordert großes Feingefühl: Man muss das Moos fest zusammendrücken, damit es luftdicht abschließt, aber nicht so fest, dass es auf der anderen Seite wieder herausquillt. Auf die Dauer ist diese Tätigkeit ziemlich langweilig. Nebraska tröstet sich mit dem Gedanken, dass man in einem gut isolierten Blockhaus bei −40 °C Außentemperatur eine Raumtemperatur von +15 °C aufrechterhalten kann, auch wenn die einzige Wärmequelle der kleine Ofen ist, den Norman mitgebracht hat. Ein weiterer Trost ist, dass die Stämme entrindet wurden, denn wenn sie glatt sind, lässt sich das Moos besser dazwischenstecken. Abgesehen davon hat ein Blockhaus aus entrindeten Stämmen eine längere Lebensdauer, da sich zwischen Holz und Rinde Holzschädlinge ansiedeln würden.

SELBST GEBAUTE MÖBEL

Während Nebraska noch mit dem Moos beschäftigt ist, baut Norman ein paar unentbehrliche Möbel. Dazu gehört ein Bett, in dem sie ungefähr achtzig Zentimeter über dem Boden schlafen werden. Auch wenn das Haus gut isoliert ist, bleibt die Luft knapp über dem Fußboden kalt, denn Wärme steigt nach oben. Neben den Ofen kommt ein Tisch, auf dem man das Essen zubereiten kann und der als Aufbewahrungsort für Küchengerät dient. Ein zweiter Tisch, komplett mit zwei Bänkchen, wird ans Fenster gestellt und dient als Esstisch. Außerdem ist es hier hell genug, um zu nähen und ähnliche Arbeiten auszuführen.

Aus den Holzausschnitten der Fenster fertigt Norman außerdem Regalbretter, die er mittels Winkelstreben an den Wänden anbringt. Hier finden Kleidung oder Gegenstände, die keinen Frost vertragen, wie die Batterien für seine Kopflampe, ihren Platz. Auch Fleisch- oder Fischstücke, die man auftauen will, oder Werkzeuge, die vor Gebrauch warm werden sollen, kann man gut auf Regalbrettern unterbringen.

An den Nägeln, die Norman in Ofennähe in die Wand schlägt, kann er später die Hundegeschirre trocknen lassen. Wenn diese nach der Arbeit über Nacht draußen blieben, wären sie am nächsten Morgen steif gefroren und zunächst einmal nicht zu gebrauchen. Die damit verbundene Zeitverzögerung könnte die Pläne für den neuen Arbeitstag ganz durcheinander bringen.

Links
Damit sich die Bäume leicht entrinden lassen, ist es besser, sie im Juni zu fällen, wenn der Baumsaft aufsteigt. Leider fand Norman sein Revier erst Ende Juni. Zu diesem Zeitpunkt wird der Saft zäh und klebrig, und die Rinde lässt sich nur schwer ablösen.

Nachfolgende Doppelseite
Es ist ein ungeheuer befriedigendes Gefühl, in einem Blockhaus zu wohnen, das man mit eigenen Händen erbaut hat. Es ist genauso geworden, wie Norman und Nebraska es sich vorgestellt haben: ein honiggelbes Holzhaus, eingerahmt von grünen Tannen.

Der Herbst

Zu Pferd reisen

Trapper wie Norman nutzen Pferde in erster Linie als Fortbewegungsmittel. Anders als für die Hunde braucht man für Pferde keine Vorräte mitzuführen. Wenn man ihnen genügend Ruhepausen gönnt, suchen sie sich ihr Futter selbst. Sie kommen ohne Zusatznahrung in Form von Getreide aus, solange man sie frei grasen lässt. Vorher bindet man ihnen allerdings die Vorderbeine so zusammen, dass sie beim Fressen zwar weitergehen, aber nicht weglaufen können. Tatsächlich gibt es aber unter den Pferden wahre Verrenkungskünstler, die trotz gefesselter Vorderbeine in einer Nacht hüpfend mehrere Kilometer zurücklegen. Damit man nicht nach jeder Rast viel Zeit und Energie damit vergeudet, die Pferde zu suchen, bindet man am besten dasjenige an, das in der Herde dominiert und lässt die übrigen grasen. Nach einer Weile wechselt man um. Da Pferde einen starken Herdentrieb besitzen, entfernen sie sich nie allzu weit von ihren Gefährten.

Norman ist nur mit zwei Pferden unterwegs. Eines reitet er, das andere trägt die Ausrüstung. An das Zaumzeug des Packpferdes bindet er einen Strick, dessen anderes Ende er in der Hand hält oder an seinen Sattel knotet. Auf diese Weise verhindert er, dass das Packpferd trödelt oder unterwegs grast und zurückbleibt Wenn es nicht mit dem gerittenen Pferd Schritt hält, besteht die Gefahr, dass es irgendwann im Galopp aufzuholen versucht und dabei seine Ladung verliert. Es kann auch passieren, dass es mit seinen Packtaschen an Felsen oder Bäumen hängen bleibt. Deshalb sollte der Strick, der die beiden Pferde verbindet, hin und wieder einen kleinen Ruck aushalten können. Extrem reißfest aber darf er auch nicht sein, damit das Packpferd bei einem Sturz des Reitpferdes nicht ebenfalls zu Boden geht.

PFERDE HABEN VOR- UND NACHTEILE

Je nachdem, wie sehr sie dem Menschen, der sie begleitet, vertrauen, sind Pferde mehr oder weniger schreckhaft. Das eine neigt stärker zur Panik als das andere, aber insgesamt sind sie alle relativ unberechenbar. Deshalb, und weil sie über ungeheure Kräfte verfügen, muss man im Umgang mit ihnen immer sehr vorsichtig sein. Norman zieht das Reisen mit Hunden auf jeden Fall vor, auch wenn er zugibt, dass Pferde sympathische Tiere sind und man mit ihnen im Sommer gut vorankommt. Im Sattel kann er überall dort, wo Wasserstraßen für das Kanu fehlen, weite Strecken zurücklegen. Außerdem sind Pferde aufgrund ihrer Stärke imstande, schwere Lasten zu befördern.

Ein Pferd trägt einen in den Bergen so gut wie überallhin, solange die Hänge nicht zu steil sind. Tiefes Wasser ist kein Problem, denn Pferde sind gute Schwimmer. Allerdings kann eine starke Strömung ein durch seine Ladung aus dem Gleichgewicht geratenes Pferd mitreißen. Gerät ein Pferd im Wasser in Panik, eskaliert die Situation mitunter, im Allgemeinen aber können Pferde ohne weiteres Wasserläufe durchqueren. Sie dürfen dabei allerdings nicht an spitze Äste oder scharfkantige Felsen geraten. Will man einen Fluss durchqueren, sollte man sich schräg zur Strömung halten; in gerader Linie hindurchzugehen oder zu schwimmen kostet Kraft, versucht man es mit der Strömung, läuft man Gefahr, mitgerissen zu werden.

Auf der Jagd sind Pferde nahezu ideale Begleiter. Vom Sattel aus bietet sich ein besserer Überblick über die Umgebung und man kann das Wild leichter aufspüren, denn es hat keine Angst vor dem Pferd, dessen Geruch zudem den Geruch des Reiters überdeckt. Wenn die Jagd zufrieden stellend verlief, kann das Pferd das erlegte Wild nach Hause tragen – notfalls sogar einen ganzen Elch auf einmal. Allerdings ist der Zeitraum, in dem man in diesen Breiten Pferde einsetzen kann, sehr kurz. Er beträgt höchstens vier Monate im Jahr. Sobald das Gras gelb wird, nimmt sein Nährwert ab, und auf weiten Ritten kann Norman kein zusätzliches Futter mitführen. Im Herbst bringt Norman seine beiden Pferde zu einem Freund, der sie den Winter über versorgt. Dann müssen sich die Hunde an die Arbeit machen.

Vorhergehende Doppelseiten
Es ist Herbst geworden. Kaum hat sich das Laub der Pappeln gelb und rot verfärbt, fällt auch schon der erste Schnee. Menschen und Tiere müssen sich mit ihren Vorbereitungen für den Winter beeilen, dessen eisige Stille sich bald über die Landschaft senken wird.
Ein letztes Mal verabschiedet sich Norman von Nebraska und Voulk, dann bricht er mit Nanook nach Dawson auf, die seinem Revier nächstgelegene Stadt.

Rechts
Norman gewöhnt seine Hunde von Jugend auf daran, Lasten zu tragen. Auf diese Weise können sie ihn und die Pferde auf langen Märschen und Ritten etwas unterstützen.

Vorhergehende Doppelseite
Wenn man mit Pferden unterwegs ist, meidet man sumpfige Talsohlen und dichte Wälder. Bergwiesen und Kämme bieten offenes Gelände und festen Boden, so fällt das Fortkommen leichter.

Oben
Schneehuhn und Tannenhuhn sind die in Höhenlagen am meisten verbreiteten Hühnervögel. Das Federkleid der Waldhühner hat zu allen Jahreszeiten das gleiche Aussehen, während das Schneehuhn im Winter schneeweiß wird. Nur die Schwanzfedern bleiben schwarz.

Oben
Präriehunde sind in einigen kanadischen Bergregionen sehr verbreitet. Adler und andere Greifvögel stellen eine ständige Bedrohung für diese Hörnchen dar, die stets wachsam bleiben und sich gegenseitig warnen.

DAS BELADEN DER PFERDE

Das Beladen der Pferde ist eine Wissenschaft für sich: Man darf dabei nicht planlos und unüberlegt, sondern muss im Gegenteil gut durchdacht vorgehen und Aufteilung, Gewicht und Balance genau überdenken.

Man verwendet nur hochwertiges Material. Wichtig ist eine dicke und großzügig bemessene Satteldecke, die seitlich tief herabreicht und verhindert, dass aufgeladene Kisten oder Säcke an den Flanken scheuern. Man sollte nur Holzkisten oder Ledertaschen verwenden, denn Metallkisten können beim Transport scheppern und dadurch ein ängstliches Pferd erschrecken.

Ein lebloses Gewicht auf seinem Rücken ermüdet ein Pferd stärker als ein Reiter, der alle Bewegungen mitmacht. Deshalb muss die Last präzise ausbalanciert werden und darf nicht schwerer als fünfzig Kilogramm sein. Wenn die Lasten, die zu beiden Seiten des Packsattels befestigt wurden, auf das Kilogramm genau gleich schwer sind, bleibt der Sattel im Gleichgewicht und verrutscht nicht. Besonders junge Pferde bekommen es mit der Angst zu tun, wenn sich die Last auf ihrem Rücken plötzlich zu bewegen beginnt. Sie galoppieren auf und davon, und man kann von Glück sagen, wenn sie dabei nur die Ladung verlieren und sich nicht selbst schwer verletzen.

Eine schlecht austarierte Last kann beim Pferd schmerzhafte Druckstellen hervorrufen. Sind diese erst einmal vorhanden, besteht die Gefahr, dass sie sich entzünden, wenn das Pferd seine Fracht weiter tragen muss.

Eine Packlast muss nicht nur gut verteilt, sie muss auch gut befestigt werden. Zieht man die Riemen des Packsattels zu fest an, bilden sich am Bauch des Pferdes Druckstellen; schnallt man die Riemen zu locker, dann wird der Packsattel verrutschen oder die Haut des Pferdes durch Reibung verletzen. Im günstigsten Fall besitzt man zwei Pferde, die beide gleichermaßen an das Tragen von Lasten gewöhnt sind. So kann man sie immer abwechselnd reiten und das Gepäck tragen lassen. Auf diese Weise schont man ihre Kräfte und verringert die Verletzungsgefahr.

Sobald Norman seine Ladung gut aufgepackt hat, deckt er sie mit einer wasserdichten, zwei mal zwei Meter großen Plane aus grober Leinwand ab, die er mit einer Schnur festzurrt. Die Plane schützt die Ladung nicht nur vor Regen, sondern verhindert auch, dass sich während des Ritts Dornenranken und Zweige am Packsattel und seinen Riemen und Schnallen verfangen und das Packpferd im Gestrüpp hängen bleibt. Norman erzählt immer wieder gerne, dass Pferde keine Gelegenheit auslassen, sich unter zu niedrig hängenden Ästen hindurchzulavieren, ohne ihre Last zu berücksichtigen. Er führt dies auf ihren Intelligenzquotienten zurück, der seiner Ansicht nach deutlich unterhalb dem von Hunden liegt …

Links
In den bewaldeten Tälern geht es nur langsam voran. Norman hält Ausschau nach den Wildwechseln von Karibus und Elchen. Weil die Pferde mit ihren Lasten ungefähr so viel Platz brauchen wie die Geweihe dieser Tiere, kann Norman deren Pfade unbesorgt einschlagen.

Nachfolgende Doppelseite
Pferde, mit denen man durch die Berge reiten will, müssen lernen, Flüsse schwimmend zu durchqueren, denn es gibt nicht viele Furten. Pferde können zwar von Natur aus schwimmen, doch wenn sie mit einer Last bepackt sind, fällt es ihnen manchmal recht schwer.

DIE ELCHJAGD

Der Elch ist die größte aller Hirscharten. Er misst am Widerrist bis zu zweieinhalb Meter und kann acht- bis neunhundert Kilogramm schwer werden. Er kommt in ganz Nordkanada bis zur Baumgrenze hinauf vor, jenseits derer das Reich der großen Karibuherden beginnt.

Die eigentliche Saison für die Elchjagd ist der Herbst. Für die Elche ist dies die Zeit des Liebeswerbens und die großen Elchbullen treten gegeneinander zu mehr oder minder heftigen Kämpfen um die Weibchen an. Weil sie dann weniger scheu sind, ist es einfacher, sich den Bullen zu nähern, die sich das übrige Jahr hindurch an unzugänglicheren Orten aufhalten.

Norman verwendet eine kegelförmige, aus Holz geschnitzte Lockpfeife. Mit ihr ahmt er das heisere Röhren nach, mit dem sich die Elchbullen gegenseitig zum Kampf auffordern, und lockt so paarungs- und kampfwillige Tiere an.

Das Anlocken funktioniert nicht überall, sondern nur an den Brunftplätzen, an denen sich die Elche zu ihren Rivalenkämpfen einfinden. Eigentlich sind es die Elchkühe, die sich versammeln und diese Orte auswählen; die Bullen kommen später nach. Trapper kennen die Brunftplätze und achten darauf, sie nicht allzu oft aufzusuchen, damit die Tiere sie nicht meiden und sich neue, ruhigere Treffpunkte suchen.

Meist befinden sich die Brunftplätze an einem Seeufer, am Rand eines Sumpfes oder an Wasserläufen, an Orten also, an denen die Wasserpflanzen wachsen, die Elche gerne fressen. In einem Kanu kann sich der Jäger dem Wild lautlos nähern, und wenn die Jagd erfolgreich war, ist das Kanu ein geeignetes Transportmittel für den Kadaver, den man mitsamt der Haut einlädt, da sich daraus Leder von hervorragender Qualität herstellen lässt.

Elche werden auch im Winter bejagt. Im Schnee kann man ihre Spuren leicht verfolgen, doch die völlige Stille der verschneiten Winterwelt ist ein Feind des Jägers, denn in ihr ist auch das leiseste Geräusch weithin zu hören – vor allem an windstillen Tagen. Wenn der Schnee überfroren ist, kann sich ein Mensch noch so vorsichtig anschleichen, die Elche werden ihn immer hören, gleichgültig ob er Schneeschuhe trägt oder nicht, und sie werden fliehen, bevor er sie zu Gesicht bekommt. Ist der Schnee dagegen trocken und pulverig, kann sich ein erfahrener Jäger wie Norman unter Ausnutzung der Windrichtung einem Elch weit genug nähern, um den tödlichen Schuss anzubringen.

Im Winter gefriert das Fleisch schnell, deshalb ist Eile geboten, wenn man den Elch zerlegt und die Beute dann auf den Schlitten lädt. Normans Hunde wissen, dass sie ihren Fleischanteil zu Hause erhalten werden und legen sich deshalb schwer ins Zeug. Im Winter bereitet die Lagerung des Wildbrets keine Probleme; im Herbst wird es eingesalzen und getrocknet oder aber geräuchert.

DIE ZERSTÖRUNG DER WÄLDER

Auf der Rangliste der ökologischen Katastrophen unserer Zeit steht die weltweite Abholzung der Wälder leider ziemlich weit oben und auch die nördlichen Regenwälder bleiben davon nicht verschont. Ein trauriges Beispiel hierfür ist die sich im Süden an Alaska anschließende kanadische Provinz British Columbia. Auch Norman hatte unter dem Raubbau an den Wäldern zu leiden, musste er doch bereits zweimal sein Revier wechseln. Das Abholzen selbst abgelegenster Waldregionen wirkt sich auf die Umwelt äußerst nachteilig aus. Zum einen legen die Holzgesellschaften Straßen an, sodass bisher unzugängliche Ge-

Vorhergehende Doppelseite
Das junge Pferd wird plötzlich von einer starken Strömung mitgerissen. Es gerät in Panik und wirft Norman ab.

Rechts
In Kanada gehen viele Menschen, die sich der Natur noch verbunden fühlen, im Herbst auf Elchjagd. Ein einziger Elch liefert über 400 Kilogramm Fleisch.

» Immer, wenn ich in dieser beeindruckenden Landschaft unterwegs bin,
denke ich über die Großartigkeit dessen nach, was ich sehe.
Ich bewundere die Landschaft nicht nur, ich werde ein Teil von ihr. «

biete auch nach dem Fällen und dem Abtransport der Baumstämme relativ leicht erreichbar bleiben. Außerdem hinterlassen die Holzfäller und Arbeiter nicht selten Baracken und andere Gebäude, die sie während ihres Einsatzes genutzt haben, und deren Abbau mit zusätzlichen Kosten verbunden wäre und somit unrentabel ist. All dies sind Wunden, die vordem intakte Lebensräume verletzen und verunzieren. Häufig handelt es sich bei den abgeholzten Waldstücken um Reviere von Trappern wie Norman, oder aber um Gebiete, in denen Indianer aufgrund vertraglich zugesicherter Rechte jagen und fischen dürfen. Trapper wie Indianer müssen sich andere Jagd- und Fischgründe suchen, und die Gebiete, in denen Tiere ungestört leben dürfen, werden immer kleiner. Hinzu kommt, dass professionelle Jäger und Fischer, die zahlende Gäste hinaus in die Wildnis führen, eben diese Territorien zunehmend für sich in Anspruch nehmen.

DER MENSCH STÖRT DAS GLEICHGEWICHT DER NATUR

Die unmittelbarste Konsequenz aber ist zweifellos die Zerschlagung eines ganzen Ökosystems. Dort, wo auf Rodungsflächen nicht wieder aufgeforstet wird, besiedeln Sträucher den Boden, und viele dieser Sträucher bringen Beeren hervor. Infolge dieses Nahrungsüberflusses nimmt die Schwarzbären-Population stark zu, was wiederum zur Abnahme der Bestände anderer Arten führt. Dadurch gerät die gesamte Nahrungskette aus dem Gleichgewicht. Darüber hinaus stellen die allzu zahlreich gewordenen Schwarzbären auch die Städte der betroffenen Region vor große Probleme. Allein im Sommer 1994 mussten Polizisten in den Straßen von Prince George über zweihundert dieser Raubtiere erlegen. Es war eine regelrechte Invasion: Die Schwarzbären machten sich über Mülltonnen her, töteten Hunde und drangen in Gärten ein.

Kahlschläge können wieder bepflanzt werden, aber es wird dem Menschen nie gelingen, einen vollwertigen Ersatz für das System zu schaffen, das er einmal zerstört hat. Häufig wird bei der Wiederaufforstung aus zumeist kommerziellen Gründen eine Pflanzenart bevorzugt, die den Boden auslaugt. In dem geschädigten Biotop werden nie wieder Arten leben können, die ihrerseits auf Artenvielfalt angewiesen sind.

Links
Weil die Flüsse, die die Seen speisen, viel Schlamm und Sand mitführen, zeigt ihr Wasser oft eine unglaubliche Skala an Farbnuancen.

Vorhergehende Doppelseite
Junge Fischadler sind ziemlich faul und verlassen ihren Horst erst, wenn die Eltern sie dazu zwingen, indem sie aufhören, sie zu füttern. Dann endlich finden sie heraus, wozu sie Flügel haben.

Oben
Die Spur eines Timberwolfs neben der eines Bären. Ein Trapper liest aus den Spuren nicht nur heraus, welche Tiere sie hinterließen, sondern auch, wie schnell sie unterwegs waren. Wenn er eine Spur vor sich hat, kann er erraten, was das Tier vorhat und vielleicht sogar, wie es aufgelegt ist.

Oben
Zu Bären sollte man vorsichtshalber immer Abstand halten. Wenn der Bär erst einmal angreift, gibt es kein Entkommen, denn er läuft so schnell wie ein galoppierendes Pferd.

Nachfolgende Doppelseite
Nanook, Leithund von Normans kleiner Meute und Normans treuer Begleiter auf allen Wanderungen, kann auch reißende Flüsse problemlos schwimmend durchqueren.

Im Sommer läuft Nanook an keinem See und keinem Fluss vorbei, ohne ein erfrischendes Bad zu nehmen. Auch wild lebende Tiere wie Wölfe und Coyoten verhalten sich so.

Eine Kopfbedeckung schützt in der warmen Jahreszeit vor der Sonne, vor allem aber vor Mücken und anderen Insekten. Norman nimmt seinen Hut den ganzen Sommer über nicht ab – nicht einmal, wenn eine Dusche in der Nähe ist!

DIE SCHÖNHEIT DER LANDSCHAFTEN

Als Norman und ich während der Vorbereitungen zu unserem Film einmal einen Gipfel in einem der schönsten Gebirgsmassive der Rocky Mountains bestiegen hatten, unterhielten wir uns über Landschaften. Ich fragte ihn, ob er von der Schönheit einiger Drehorte ebenso verzaubert sei wie wir. Norman erwiderte, er glaube, dass seine Beziehung zu Landschaften eine andere sei als unsere. Das erinnerte mich an die Antwort eines Inuit auf die Frage eines Forschers, was denn für ihn Glück bedeute. Der Inuit hatte geantwortet: »Glück ist, auf eine frische Eisbärenspur zu stoßen und zu wissen, dass man einen beruhigenden Vorsprung vor allen anderen Schlitten hat.«

Ein anderes Mal überflogen wir mitten im Winter ein weitläufiges Gebiet der Rocky Mountains nördlich von Ross River, dem Ort, in dem Normans Eltern leben und in dem er selbst lange gewohnt hatte. Nachdem wir atemberaubende Panoramen entdeckt hatten, erreichten wir ein nicht allzu hoch gelegenes Waldgebiet mit sanften Hängen. Hier war die Landschaft hügelig, mit vielen Seen und Bächen: ein Paradies für Marder. Norman strahlte vor Freude und bewunderte eine Landschaft, die uns nach dem Anblick der zuvor überflogenen nicht weiter bemerkenswert erschien. Norman fand aber gerade diesen Landstrich herrlich. Nichts ist subjektiver als das Empfinden von Glück oder die Beurteilung der Schönheit einer Landschaft!

Eine Landschaft ist schön, weil sie unsere Wahrnehmung auf eine ganz bestimmte Weise anspricht. Sie wird danach bewertet, was der sie beurteilende Mensch »mit ihr anfangen will«: Ob er sie fotografieren oder filmen, mit Hundeschlitten oder Schneemobil durchstreifen oder in ihr jagen will, macht einen großen Unterschied in der Sichtweise aus. Dem Tauchsportbegeisterten gefällt nur ein Meer mit klarem Wasser, dem Surfer eines mit hohen Wellen. Und deshalb zieht der Trapper der ausgedehnten, kalten Einöde eines windgepeitschten Hochplateaus einen Wald voller Marder vor.

»Und was ist mit dem Licht?«, fragte ich Norman. Das Licht, das am Morgen, am Abend oder sogar nachts als Nordpolarlicht eine Landschaft fantastisch erstrahlen lässt. Das Licht, auf das wir stundenlang, ja tagelang warten, um bestimmte Szenen drehen zu können.

»Ja, in diesem Punkt stimmen unsere Vorstellungen von Schönheit wohl am ehesten überein«, gab Norman zu.

Vorhergehende Doppelseite und rechts
Um nach Dawson zu gelangen, muss Norman über mehrere Pässe reiten, die alle mehr als 3000 Meter hoch sind. Hier oben liegt selbst im Hochsommer Schnee.
Auf den höheren Pässen kann es schon Mitte September schneien, aber Norman bleibt nichts anderes übrig, als sich hier durchzuschlagen. Für ihn gibt es keinen anderen Weg in die Stadt.

LONDIKE KATE'S
RESTAURANT
KLONDIKE KATES
CABINS
RESTAURANT
THIRD AVE.

In der Stadt

Kaufleute unterschiedlichster Herkunft gründeten schon vor langer Zeit an verschiedenen geeigneten Orten, an denen beispielsweise Flüsse zusammenflossen, Faktoreien und Handelsposten. Indianer und Trapper suchten sie auf, um dort Pelze gegen die Waren einzutauschen, die sie brauchten. Engländer und Franzosen kämpften bereits im frühen 18. Jahrhundert erbittert um die Kontrolle bestimmter Gebiete. In den Handelsposten erhielt man Fallen, Waffen und Munition, also alles, was man für die Jagd benötigte, aber auch Grundnahrungs- und Genussmittel wie Tee, Zucker, Salz, Speck und Mehl. Daneben gab es auch Rum und Whisky, und die Inuit und Indianer wurden rasch vom Alkohol – und damit von den Weißen – abhängig. Die Handelsposten führten ferner Kerzen, Leinwand, kleine Holzöfen, Nägel, Werkzeug und auch jene Kleidungsstücke, die vor allem die Indianer besonders schätzten, wie Gummistiefel. Die Trapper eröffneten Konten, auf denen die abgelieferten Felle einerseits und die gekauften Waren andererseits verbucht wurden. Die geltende Währungseinheit – oder besser: der anerkannte Vergleichswert – war der »Biber«, ein mittelgroßes, fachgerecht behandeltes und makelloses Biberfell. Ein Luchsfell war fünf Biber wert, ein Wolfsfell drei Biber, und drei Marderfelle entsprachen einem Biber. Für eine Decke musste man drei Biber hergeben, für ein Gewehr fünfzehn und so weiter.

Einige Handelsposten überlebten bis auf den heutigen Tag und wurden zu Dörfern, die sich den wechselnden Zeiten anpassten. Häufig sind es Vertretungen der Hudson's Bay Company, aus denen Supermärkte wurden, doch immer noch werden hier die Felle abgegeben, nummeriert und geschätzt, bevor man sie in die großen Städte schickt, in denen je nach Angebot und Nachfrage ihr Preis festgelegt wird. Der Trapper erhält für seine Felle eine Quittung und später einen Scheck.

BESUCH IN DER ZIVILISATION

Die Trapper aus den Bergen suchen diese aus den ehemaligen Handelsposten entstandenen Dörfer mindestens zweimal im Jahr auf, im Frühjahr und im Herbst, um sich mit Vorräten einzudecken und natürlich auch, um zu erfahren, was in der Welt so passiert.

Wie die Goldgräber früherer Tage hatten und haben auch die Trapper die Angewohnheit, bei diesen Gelegenheiten einen großen Teil des Geldes, das sie sich in der Wildnis so hart verdient haben, in der nächsten Kneipe auszugeben. Es gibt zahllose Geschichten über

Links
Ein- bis zweimal im Jahr ist Norman in Dawson. Im Frühjahr kommt er her, um Felle zu verkaufen und das zu besorgen, was er den Sommer über brauchen wird. Im Herbst deckt er sich mit Material und Vorräten für die nächsten Monate ein. Dann lässt er auch seine Pferde hier. In den Bergen hat er nicht genügend Futter, um sie über den Winter zu bringen.

Vorhergehende Doppelseite
Dawson. Diese kleine Stadt konnte sich ihren Charme aus der Pionierzeit bewahren. Sie verdankt ihr Entstehen jenem berühmten Goldrausch, an dem auch Jack London teilnahm. Hier weht immer noch ein Hauch von Abenteuerlust. Mitverantwortlich dafür ist die Hand voll Goldsucher und Trapper, die es in dieser Gegend immer noch gibt.

Es gibt mehrere Friedhöfe dieser Art, die wie die Stadt Dawson auf die Zeit des Goldrausches zurückgehen. Über hunderttausend Menschen fielen in das Gebiet ein, in dem Gold gefunden worden war, und sehr, sehr viele von ihnen kehrten nie wieder nach Hause zurück.

Heute leben in den kleinen Städten des hohen Nordens größtenteils Verwaltungsangestellte und einige Holzfäller. Und dann gibt es da noch ein paar Leute, die hier sind, weil sie weitläufige, offene Landschaften lieben und das einzigartige Gefühl von Freiheit, das diese vermitteln.

Männer, die sich in einer einzigen Nacht ruinierten und dann am nächsten Morgen loszogen, um wieder zu Geld zu kommen, das vermutlich auf dieselbe Weise ausgegeben wurde.

Etwas begreiflicher erscheint dieses Verhalten, wenn man sich vorzustellen versucht, wie animierend die Stimmung in einer Kneipe auf Männer wirken musste, deren einzige Unterhaltung über Monate hinweg ausschließlich in Selbstgesprächen bestand. Die Kneipenbesitzer wussten, dass sie den Männern, die frisch aus der Wildnis kamen und die Taschen voller Geld hatten, nur ein paar Gläser umsonst auszuschenken brauchten. Nachdem sie lange Zeit nur Wasser getrunken hatten, vertrugen die Goldgräber und Trapper den Alkohol nicht mehr, genossen aber ihren Rausch und die Gesellschaft ihrer Mitzecher. Sie gaben erst eine Runde aus, dann eine zweite, ihr Geld wurde weniger, aber sie merkten es nicht. Am nächsten Morgen war so gut wie nichts mehr übrig, es sei denn, sie waren so vernünftig gewesen, vorher etwas zurückzulegen oder bei Freunden zu deponieren.

Selbst Norman geht es kaum anders als den Trappern früherer Zeiten und wenn er in ein Dorf kommt, locken ihn die Kneipen so unwiderstehlich an wie seine Köder das Wild, das in seine Fallen geht.

Norman hat nichts dagegen, ab und zu in der Stadt zu sein. Hier trifft er sich mit alten Freunden, und gemeinsam schlagen sie sich in den Bars von Dawson die Nacht um die Ohren.

NTOWN
OTEL

Im Sattel ist er in die Stadt gekommen, in einem Wasserflugzeug fliegt er zurück. Die Einkäufe für den Winter hat er in der Kabine untergebracht. Von der Stadt bis in Normans Revier braucht das Flugzeug zwei Stunden, während Norman auf dem Hinweg mit den Pferden fünf Tage lang unterwegs war.

Unter den Flügeln des Wasserflugzeugs zieht die schier endlose Kette der Rocky Mountains vorbei. Hier lebt im Umkreis von mehreren hundert Kilometern kein Mensch. Überhaupt scheint eher der Mensch derjenige zu sein, der hier im Verschwinden begriffen ist – und nicht die Tiere.

Warten auf den Winter

Die Arbeiten am Blockhaus sind abgeschlossen. Norman und Nebraska mussten viel Zeit dafür aufwenden, aber jetzt fühlen sie sich in ihrem neuen Haus sehr wohl. Hier im hohen Norden ist der Herbst eine Übergangszeit von unbestimmter Dauer und der berühmte *Indian Summer* mit seinen sonnenwarmen Herbsttagen und seiner herrlichen Laubfärbung ist leider nur sehr kurz.

Trotzdem kommt Norman der Herbst lang vor. Er wartet auf den Winter, diejenige Jahreszeit, die er auch jetzt noch, nach Jahrzehnten, am faszinierendsten findet. Doch es will und will nicht richtig kalt werden und es schneit nur sporadisch. Der schwere, nasse Schnee deckt den Boden noch nicht zu und verwandelt sich rasch in schlammigen Matsch. Normans Stimmung sinkt und steigt in umgekehrtem Verhältnis zu den jeweiligen Temperaturen. Erst als sich eine dicke, weiche Schneeschicht über die Landschaft breitet, setzt auch bei ihm ein stabiles Stimmungshoch ein.

Bevor er mit Hunden und Schlitten über gefrorene Seen und Flüsse dahinfliegen kann, muss er auf den schweren Frost warten, der alles erstarren lässt. Zumindest ermöglicht ihm diese erste ebenmäßige Schneedecke, mit dem Schlitten auf den Pisten ein bisschen weiter in den Wald vorzudringen und trockenes Brennholz für das Blockhaus zu holen. Auf diesen kleinen Ausflügen können sich die Hunde austoben, und weil der Schlitten auf dem Rückweg durch die Holzlast schwerer ist, stellen sie auch ein gutes Training dar.

DER BEGINN DER WEISSEN JAHRESZEIT

Der Herbst ist auch eine Zeit des Beobachtens. Norman verbringt viele Stunden damit, Tiere durch sein Fernglas hindurch anzuschauen. Er tut dies nicht nur zum Vergnügen, sondern auch um sich zu informieren, wie viele Jungtiere es in diesem Jahr gibt, und um zu erfahren, wo in seinem Revier Bärenfamilien überwintern. Er sieht auch die Karibus über die Bergwiesen wandern. Die Natur ist eifrig damit beschäftigt, sich auf den Winter vorzubereiten. Vom Blockhaus aus nur als kleine schwarze Punkte sichtbar, durchkämmen Bären die Berghänge auf der Suche nach Blaubeeren und anderem Essbaren, um sich daran satt zu fressen, bevor der Frost kommt und der Schnee alles versteckt. Ihre dicken Fettpolster sind ein untrügliches Zeichen dafür, dass der Winter unmittelbar bevorsteht. Schwarzbär und Grizzly halten Winterschlaf. Von November bis April, mitunter sogar bis Mai, ziehen sie sich in einen Unterschlupf zurück. Während sich ihr Herzschlag, ihre Atemfrequenz und ihre Verdauungsvorgänge verlangsamen, sinkt ihre Körpertemperatur, anders als bei anderen Winterschlaf haltenden Arten, nur um wenige Grad. Gelegentlich wachen sie sogar mitten im Winter auf. Dies geschieht vor allem dann, wenn der Kälteeinbruch früher als sonst kommt und sie nicht genügend Zeit haben, ausreichende Reserven aufzubauen.

Auch für Biber gibt es im Herbst viel zu tun. Sie halten Winterruhe und bereiten sich im Herbst darauf vor, indem sie große Mengen an Nahrung zu sich nehmen und Fettreserven aufbauen. Sie lagern sogar Vorräte für den Winter: Äste und Stämme, die sie unter Wasser zu so genannten »Nahrungsflößen« aufschichten. Holz und Rinde bleiben durch diese Lagerung monatelang frisch, und die Biber können unter der Eisdecke, von Feinden unbemerkt, von ihren Wohnkammern zu den Futterlagern schwimmen, wann immer sie etwas brauchen. Biber sind erstaunliche, sehr fleißige und umsichtige Tiere, die sich bei der Anlage ihrer Burgen als Holzfäller, Architekten, Bauunternehmer und Gärtner bewähren. Mit ihren Vorderzähnen fällen sie sogar Bäume von vierzig Zentimeter Durchmesser und mit den jeweils fünf Zehen an ihren Pfoten können sie hervorragend greifen. Der kräftige Schwanz wird

Links
Wie alle Bewohner des hohen Nordens liebt auch Nebraska den Winter. Anders als den Leuten aus dem Süden kommt er ihr nicht feindselig vor. Für sie ist der Winter eine Jahreszeit, die die Landschaft verzaubert und in der alles möglich wird.

Vorhergehende Doppelseiten
Der erste Schnee, der in den Bergen im Oktober fällt, wird von den Trappern sehnsüchtig erwartet, denn bei Schnee und Kälte lassen sich mit Hundeschlitten oder Schneemobil in verhältnismäßig kurzer Zeit große Strecken zurücklegen.
Ein Mensch kann wochenlang durch diese unendlichen Weiten wandern, ohne auch nur Spuren anderer Menschen zu begegnen.

Vorhergehende Doppelseite
Norman spürt, dass das Land bald im Frost erstarren wird. Er hört die Hunde bellen und ist ebenso ungeduldig wie sie. Bald werden sie gemeinsam über die verschneiten Ebenen dahinfliegen.

Oben
Die letzten bunten Blätter des Herbsts. Nebraska legt noch etwas mehr Moos auf das Dach. Der Schnee wird diese isolierende Schicht verstärken.

Oben
Alles ist fertig. Es fehlen nur noch die Fensterscheiben, die Norman aus Dawson mitgebracht hat. Der Winter kann kommen.

Nachfolgende Doppelseite
Die Nähe zum See erleichtert die Wasserbeschaffung. Allerdings war Norman der Ausblick über den See, den er vom Haus aus genießen kann, wichtiger.

» Hier in der Gegend bin ich einer der letzten Trapper und ich weiß nicht, wie lange ich noch durchhalte. Ich habe es Nebraska noch nicht gesagt, aber wenn diese Saison im neuen Revier nichts einbringt, dann höre ich auf. Dabei liebe ich dieses Leben doch so sehr! «

beim Bau der Burg als Schaufel eingesetzt, indem die Biber mit ihm Erde und Schlamm festklopfen. Im Wasser dient er beim Schwimmen als Steuer. Außerdem sind Schwanzschläge auf das Wasser Signale an Artgenossen.

Kurz vor dem Wintereinbruch bewegen sich auch die Fische mehr als sonst. In dieser Jahreszeit fängt Norman dicke Seeforellen, die er dank der einsetzenden Kälte nur gefrieren zu lassen braucht, um sie haltbar zu machen.

HÄUSLICHE BESCHÄFTIGUNGEN

»Was machen die Trapper eigentlich den ganzen Tag über in ihrem Blockhaus?«, ist eine häufig gestellte Frage.

Trapper haben im Grunde immer etwas zu tun, denn während man in einem modernen Haus nur einen Schalter zu betätigen braucht, um Licht zu haben, die Raumtemperatur zu erhöhen oder Kaffee zu kochen, ist in einem Blockhaus ohne moderne Geräte und Installationen jede Veränderung des bestehenden Zustands mit Arbeit verbunden.

Vor allem im Winter, wenn es draußen sehr kalt ist, ist man ein bis zwei Stunden am Tag mit der Beschaffung und dem Zerkleinern des Brennholzes beschäftigt. Zunächst muss man Orte aufsuchen, an denen geeignetes Holz zu finden ist. Sehr ergiebig sind in dieser Hinsicht Gebiete, in denen es gebrannt hat, denn meist verbrennt bei einem Waldbrand nur die Rinde. Die abgestorbenen Stämme sind schön trocken und warten nur darauf, dass man sie fällt. Aber auch in Sümpfen kann man Brennholz finden, wenn dort Biber Dämme gebaut und dadurch einen Anstieg des Wasserspiegels bewirkt haben: Viele Baumarten sterben ab, wenn ihre Wurzeln unter Wasser stehen. Gibt es in der Umgebung seines Blockhauses keine abgestorbenen Bäume, kann sich der Trapper einen Brennholzvorrat anlegen, indem er von einer Anzahl Nadelbäume die Rinde abschält. Die Bäume sterben ab und trocknen aus. Im folgenden Jahr wird er in einem anderen Waldstück in der Nähe seines Zuhauses ebenso vorgehen, wobei er nur so viele Bäume entrindet, wie er in dem Jahr tatsächlich brauchen wird. Der Jahresbedarf liegt bei ungefähr 15 Ster.

Die abgestorbenen Bäume werden gefällt und in Stücke von zwei bis drei Meter Länge zersägt; die Länge der Stücke richtet sich nach dem Transportmittel: Hundeschlitten im Winter, Kanu oder Pferd im Sommer.

Beim Haus angelangt, werden die Stammabschnitte auf eine dem Ofen entsprechende Länge gebracht. Man spaltet sie in Scheite und schichtet diese an einer Hauswand auf. Aus einigen Scheiten macht man Späne, die man für das Anzünden benötigt.

Auch die Beschaffung von Wasser kostet Zeit. Am einfachsten ist es, ein Loch in die Eisdecke eines Sees oder Flusses zu schlagen und an dieser Stelle mehrmals täglich größere Wassermengen zu schöpfen. Wasser braucht man auch für die Hunde, denn sie sollten ihren Bedarf nicht nur dadurch decken, dass sie Schnee fressen. Und natürlich brauchen die Trapper selbst Wasser, als Trinkwasser, zum Kochen, für die Körperpflege, zum Wäschewaschen und Geschirrspülen. Norman und Nebraska, die ihr Blockhaus in einiger Entfernung zum Wasser gebaut haben, legen zu Beginn des Winters einen Vorrat an Eisblöcken an, die sie ähnlich wie das Holz vor einer Hauswand aufstapeln. Immer, wenn sie Wasser benötigen, tauen sie Eisstücke auf dem Ofen auf. Irgendwann im Verlauf des Winters werden sie feststellen, dass sie ebenso viel Eis wie Holz verbrauchen.

VIELE KLEINE AUFGABEN

Auch die Zubereitung der Mahlzeiten erfordert viel Zeit, denn bevor es ans Kochen geht, muss man sich die Lebensmittel erst einmal beschaffen. An Fische kommen Norman und Nebraska natürlich sehr leicht: Sie brauchen

Ein derart solide gebautes Blockhaus kann ein Jahrhundert überdauern, vorausgesetzt, man erneuert von Zeit zu Zeit das abdichtende Moos.

nur ein Netz auszuwerfen. Praktisch ist auch, wenn dort, wo man wohnt, viele Hasen leben, denn eine Schlinge auszulegen und anschließend den Hasen herauszuholen, dauert nicht länger, als eben mal zum Metzger zu gehen. Bis zu einer Stunde ist ein Trapper, der Hunde besitzt, täglich damit beschäftigt, sie zu füttern, zu pflegen, ihre Schlafplätze zu reinigen und den Kot einzusammeln.
Wenn Norman zu Hause ist, muss er sich auch um die Behandlung der Felle kümmern. Für zehn Marderfelle braucht er etwa drei Stunden. Das Zurichten oder Gerben eines Wolfs- oder eines Luchsfells nimmt eine Stunde in Anspruch und das eines Biberfells nicht viel weniger.
Außerdem fallen jeden Tag eine Vielzahl kleinerer Arbeiten an, die zusammengenommen ebenfalls Zeit kosten: Die Lampen müssen mit Öl gefüllt und die Dochte zurechtgeschnitten werden, vor dem Haus ist der Schnee zu kehren, Kleidung und Geschirre müssen zum Trocknen aufgehängt oder geflickt werden, und dann gibt es immer noch etwas zu reparieren oder aufzuräumen.
Jedenfalls bleibt kaum Zeit für Langeweile, auch nicht an jenen Tagen, an denen sich nichts Bemerkenswertes ereignet.

Links
Häufig folgt auf den ersten Frost eine kurzzeitige Erwärmung. Die Eisdecke der Flüsse bricht auseinander und die Schollen treiben auf dem Wasser, bis sie an Untiefen hängen bleiben und wieder festfrieren.

FRÜCHTESEGEN

Gerade diejenigen Pflanzen, die von Vögeln und anderen Tieren besonders geschätzt werden, haben im hohen Norden die besten Chancen, als Art zu überleben. Die Tiere tragen die Samen im Magen weit fort von den Elternpflanzen, und wenn sie sie durch Ausscheiden aussäen, fügen sie gleich noch eine gute Portion Dünger hinzu. Verglichen mit anderen Teilen der Erde mag die Vegetation des hohen Nordens eher dürftig erscheinen, und doch profitieren alle seine Bewohner von den Pflanzen: Die Elche fressen Weiden, die Bären Gras, Beeren und Wurzeln, Tannenhühner fressen Fichtennadeln. Sogar reinen Fleischfressern wie den Mardern kommen die Pflanzen zugute, ernähren sie sich doch von Mäusen und anderen kleinen Pflanzenfressern. Sträucher und Blüten beleben als Farbtupfer die Landschaft. Im Herbst leuchten die Beeren tragenden Sträucher wie freundliche Feuer, die niemandem schaden, ganz im Gegenteil: Himbeeren und Heidelbeeren, Preiselbeeren, Johannisbeeren, Brombeeren und Kornelkirschen helfen Mensch und Tier, gut über den Winter zu kommen.

Oben
In den subarktischen Wäldern dauert der Sommer mindestens zwei Monate. In dieser Zeit taut eine dreißig Zentimeter bis zwei Meter dicke Erdschicht auf und ermöglicht den Pflanzen, zu gedeihen und sich zu vermehren.
Während die Artenvielfalt am südlichen Rand dieser Wälder groß ist, nimmt sie nach Norden hin immer stärker ab. Nadelbäume können der rauen Witterung am besten widerstehen, und deshalb beherrschen hoch oben im Norden Tannen, Kiefern, Fichten und Lärchen die Landschaft. Bevor Norman im Winter ein Zelt aufschlägt, deckt er den Boden mit einer dicken, isolierenden Schicht Tannenzweige ab.

Oben links
Erlen, Ahornbäume, Eschen, Birken und Pappeln bilden die Mehrheit der Laubbäume nördlicher Regenwälder und schmücken sie im Wechsel der Jahreszeiten mit ihren leuchtenden Farben.

Ganz oben und oben rechts
Erlen treiben schon im Herbst aus. Gleichzeitig erzeugen diese Bäume eine Art natürliches Frostschutzmittel, das das Erfrieren der Knospen verhindert. Deshalb zeigt sich ihr Laub bereits sehr früh im Jahr.
Der Waldboden ist mit Moosen, Flechten und Sträuchern bedeckt. Ihre Knospen bieten den Schneehühnern, Elchen, Karibus und kleinen Säugetieren den Winter über Nahrung.

Nachfolgende Doppelseite
Nebraska nutzt die Zeit vor dem eigentlichen Winteranfang, um ein paar warme Kleidungsstücke aus Fellen zu nähen, die aus der vorangegangenen Jagdsaison stammen.

Der Winter

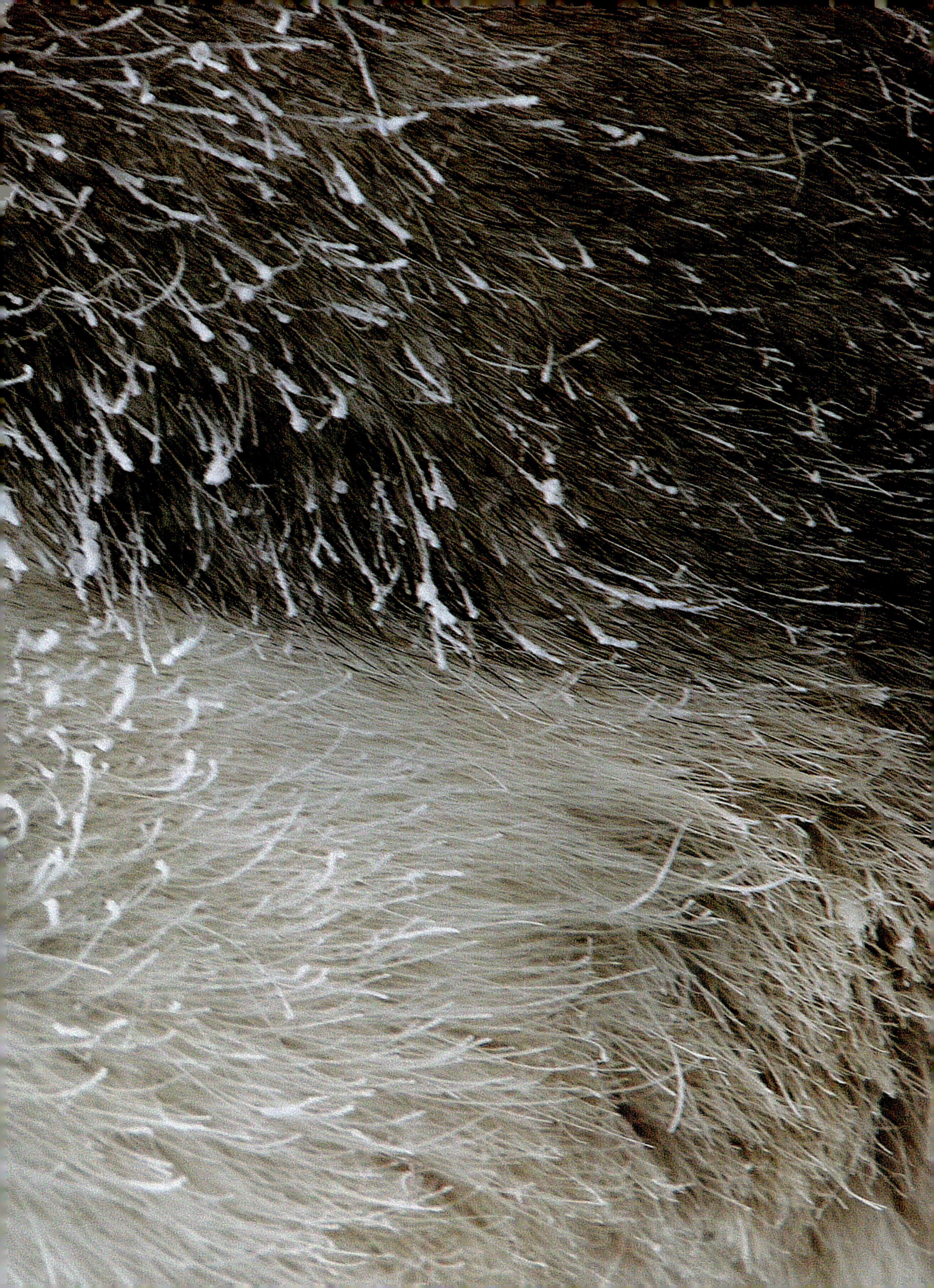

Die Schlittenhunde

Trapper besitzen, wenn sie mit Hunden arbeiten, meistens Gespanne von nur fünf bis acht Tieren. Die Strecken, entlang derer die Fallen aufgestellt werden, sind in der Regel fünfzig bis hundert Kilometer lang und führen durch Gebiete mit großen Pelztierbeständen. Ein Trapper legt normalerweise ein bis drei solcher Strecken an, stellt an jeder bis zu hundert Fallen auf und markiert sie zu Beginn des Winters.

Diese Strecken darf man sich nicht als kürzeste Verbindungen zwischen Anfangs- und Endpunkt vorstellen, und sie verlaufen auch nicht unbedingt dort, wo man am bequemsten vorankommt. Sie schlängeln sich von einem wildreichen Punkt zum nächsten, zu den verborgensten Winkeln von Tälern und Schluchten, an Waldrändern entlang oder quer durch Wälder hindurch, bergauf und bergab. Sie haben also nichts mit jenen Pisten zu tun, die ein Musher, ein Schlittenhundlenker, auswählen würde, der sich stets für die kürzeste Verbindung zwischen zwei Punkten entscheidet. Ein Gespann von mehr als acht Hunden würde auf diesen kurvenreichen Trails mit den zahlreichen Steigungen überhaupt nicht vorankommen. Deshalb benötigt ein Trapper ein kompaktes Gespann aus kräftigen Hunden, die aufs Wort gehorchen.

MIT DEN HUNDEN LEBEN

Ein weiterer Grund, der für ein kleineres Gespann spricht, ist wirtschaftlicher Art: Einen Hund zu ernähren ist teuer. Natürlich füttert ein Trapper seine Tiere mit dem, was er fischt und erjagt und nicht mit gekauftem Hundefutter. Rechnet man aber pro Hund drei bis fünf Kilo Fleisch am Tag, so kommt man auf über eine Tonne Futter je Hund und Jahr. Aus diesem Grund versucht der Trapper, die Zahl seiner Hunde niedrig zu halten, zumal er nicht mehr als fünf bis sechs Hunde benötigt, um seinen Bedarf für eine Woche per Schlitten zu ziehen.

Im Sommer bringen manche der Trapper und Inuit ihre Hunde auf eine Insel, die so groß ist, dass sich die Tiere dort während der warmen Monate ihre Nahrung selbst suchen können: Eier, junge Gänse und Enten, die sie im Rudel jagen, Waldmäuse und andere kleine und größere Säugetiere sowie gestrandete oder ans Ufer gespülte Fische. Auf diese Weise haben die Hunde Bewegung und leben im Rudel ein freies Leben, während der Trapper in der Zeit, in der er sie nicht braucht, keine Arbeit mit ihnen hat. Leider gibt es in Küstennähe oder in großen Flüssen nur wenige Inseln, die sich als »Sommerfrische« für Schlittenhunde eignen.

DIE ZUSAMMENSTELLUNG DES GESPANNS

Ein Trapper muss auch Musher sein. Als Leithund wählt er ein Tier, dem man schon im Welpenalter anmerkt, dass es sich für diese Aufgabe eignet. Es ist immer ein ruhiger, ausgeglichener Hund, der einem geradeheraus in die Augen schaut. Auf gar keinen Fall nimmt ein Musher für diese Aufgabe diejenigen Hunde eines Wurfs, die ängstlich oder zu wild sind, die sich schlecht erziehen lassen oder sehr unabhängig wirken. Interessant für ihn sind die Hunde, die aufmerksam das Kommen und Gehen der Menschen verfolgen, von sich aus mit den Menschen in ihrer Umgebung Kontakt aufnehmen, ihre Gesten und Reaktionen zu verstehen versuchen und sie mit zur Seite geneigtem Kopf fragend ansehen, wenn ihnen irgendetwas unverständlich erscheint. Aus solchen Welpen werden gute Leithunde. Natürlich kann man von dem einen oder anderen Tier enttäuscht werden, wie man auch positive Überraschungen erleben kann. Auf jeden Fall aber sollte man bei der Erziehung nicht zu schnell aufgeben: Manche Hunde sind Spätentwickler, während Schnellstarter vielleicht nach einer Weile keinerlei Fortschritte mehr machen. Die Ausbildung der Hunde gehört mit Sicherheit zu den faszinierenden Aspekten im Leben eines Mushers oder Trappers.

Vorhergehende Doppelseiten
Durch den Wechsel von Frostperioden mit milderen Phasen, in denen die Temperaturen sogar mitten im Winter auf über 0 °C ansteigen können, entstehen auf den Oberflächen von Seen und Flüssen eigenartige Muster.
Kurz bevor es losgeht, haben Schlittenhunde nur noch Augen für die vor ihnen liegende Piste.

Rechts
Vom Geschirr befreit, tollt Minik durch den Schnee. Nach der Arbeit spielen die Hunde noch eine Weile ausgelassen miteinander.

Vorhergehende Doppelseite
Schlittenhunde lieben nichts mehr, als zu laufen. Der Musher macht sich diese Neigung zunutze und teilt mit ihnen die Leidenschaft für Lauf und Geschwindigkeit.

Oben
Die erste Schlittenfahrt des Winters ist immer eine aufregende Angelegenheit. Der Musher muss aufpassen, dass die Hunde sich nicht vor Begeisterung überanstrengen, und die Länge der ersten Fahrten allmählich steigern.

Oben
Die Beziehung zwischen Schlittenhunden und Musher gründet auf Vertrauen und Freundschaft. Man kann von einem Hund alles verlangen – vorausgesetzt, man bringt ihm Achtung entgegen und kann ihm den Grund für einen Befehl begreiflich machen.

Zunächst sollte dem jungen Hund die Arbeit wie ein Spiel vorkommen. Erst wenn er eine Leidenschaft für dieses »Spiel« entwickelt hat, bringt man ihm bei, dass es Regeln gibt, die es ihm letztlich ermöglichen, noch weitere Strecken zu laufen. Man sollte den jungen Hunden den Spaß am Laufen nicht verderben und sie nie zurechtweisen – es sei denn, sie zerbeißen Geschirre und Leinen.

Derjenige junge Hund, der später als Leithund eingesetzt werden soll, wird im Gespann nicht ganz vorne platziert, sondern hinter den ersten Hund oder hinter die beiden Hunde, die das Gespann anführen. Auf diese Weise lernt er die Grundbefehle für Richtungswechsel: *Gee* ist das Kommando für rechts, *Haw* für links. Wenn der noch auszubildende Hund hinter dem Leithund herläuft, wird ihm bald in Fleisch und Blut übergehen, dass sich das Gespann auf *Gee* nach rechts und auf *Haw* nach links wendet, denn in dieser Position spürt er die Richtungswechsel deutlicher als in der Nähe des Schlittens.

Nach etwa einer Saison kommt der junge Hund neben den, der zu seinem Mentor und Lehrer werden soll und ihn ebenso erziehen wird, wie der Musher es tut. Wehe, wenn er dann nicht schnell genug reagiert! Viele Leithunde vertragen es schlecht, wenn sie bei Richtungswechseln von einem jungen Hund behindert werden.

UNSER LEITHUND

Mein eigener Hund Voulk ist so ein Leithund. Wenn man ihm einen jungen Hund zur Seite stellt, der die Befehle nicht schnell genug begreift und umsetzt, kann er sehr unangenehm werden. Normans Hündin Apache musste dies am eigenen Leib erfahren. In einigen Passagen des Films, die wir auch mit Hunden aus meinem Gespann drehten, kann man sehen, wie Voulk die junge Anfängerin manchmal zurechtweist. Er kann zwar durchaus Milde zeigen, doch vor allem schätzt er »gute Arbeit«.

Nach der Saison, in der die zweite Phase der Ausbildung stattfindet, setzt man den jungen Hund hin und wieder als Leithund ein, weil er sich weder zu sehr an die Rolle des Assistenten gewöhnen noch sich in dieser Funktion langweilen sollte.

Manchem jungen Hund ist die Verantwortung an der Spitze eines Gespanns allerdings zu groß. Dann kann es vorkommen, dass er sich verweigert – vorübergehend oder, wenn der Musher nicht auf ihn einzugehen versteht, auch endgültig.

Im Rudel herrscht eine strenge Hierarchie, die für den Zusammenhalt unabdingbar ist. Dies verhindert nicht das Entstehen von zarten Banden zwischen Rüden und Hündinnen, wenn auch die dominanten Tiere diejenigen sind, die in der Beziehung das Sagen haben. Hier tändelt Voulk mit Apache.

Fallenstellen im Winter

Norman fängt pro Winter nur zwei bis drei Luchse, obwohl sich die Tiere bei der saisonbedingten Futterknappheit leichter von Ködern locken lassen und im Winter den schönsten Pelz haben. Zum einen hängt dies damit zusammen, dass die Populationsdichte dieser Raubkatzen geringer ist als die kleinerer Tiere wie Marder und Biber, zum anderen mit den Auswirkungen, die Kampagnen gegen das Töten von Pelztieren weltweit auf die Preise bestimmter Felle haben. Die Nachfrage nach Luchsfellen sank nicht zuletzt deshalb, weil sie ein bisschen wie große Hauskatzen aussehen.

DER LUCHS

Die Luchsbestände im Norden Kanadas sind gesund und konstant. Zwischen ihnen und den Hasenbeständen besteht eine enge Wechselwirkung. Gibt es viele Hasen, so bekommen die Luchsweibchen bereits im zweiten Lebensjahr Nachwuchs und die Anzahl der Jungen je Wurf ist höher. Vermindern sich hingegen die Hasenpopulationen, so vermehren sich die Luchse weniger stark, vergrößern auf der Nahrungssuche ihre Streifgebiete und fressen Tiere, die sie sonst verschmähen. Wenn sie nicht genügend Hasen reißen können, halten sie sich an Feldmäuse, Lemminge und Rothörnchen sowie Schneehühner und andere Hühnervögel. Zähne und Kiefer des Luchses sind nicht kräftig genug, um größere Säugetiere töten zu können, aber gelegentlich greift er Karibus an. Sein Körper ist perfekt an das Leben im Schnee angepasst: Dank seines geringen Gewichts und der großen Pfoten sinkt er nicht tief ein, und seine langen Beine erlauben ihm, Hasen auch in hohem Schnee zu verfolgen. Einholen kann er sie allerdings nur auf kurzen Strecken, denn der Luchs ist ein Sprinter und kein Langstreckenläufer. Seine Jagd ist nur dann von Erfolg gekrönt, wenn es ihm gelingt, sich unbemerkt an seine Beute heranzuschleichen und sich blitzschnell auf sie zu stürzen. Ein überrumpelter Hase springt zuerst nach links zur Seite, schlägt dann einen Haken nach rechts und rennt in die Richtung davon, aus der er kam. War der Luchs nicht schnell genug, findet er sich allein in einer aufstäubenden Schneewolke wieder. Luchse verbringen ihr Leben überwiegend am Boden. Sie klettern nicht auf Bäume, um Gleithörnchen zu fangen, wohl aber, um ihren einzigen Feinden zu entkommen: den Wölfen und den Menschen.

DIE JAGD

Ein Trapper muss genau wissen, welche Tiere er fangen will, denn danach muss er sich bei der Auswahl der Fallen richten. Gesetzlich erlaubt sind zwei Typen von Fallen. Beim ersten Typ handelt es sich um so genannte Lebendfallen, um Fallen also, in denen das Tier lebend gefangen wird. So kann der Trapper seine Beute laufen lassen, wenn sie nicht groß genug ist oder kein schönes Fell hat. Eine dieser Fallen ist eine Kiste mit sich schließenden Türen, aus der das Tier, nachdem es sich den hineingelegten Köder geholt hat, nicht mehr entkommen kann.

Die Fallen des zweiten Typs töten das Tier, ohne dass es leiden muss. Ihre Bauweise, die Wahl des Köders und der Aufstellungsort sind jeweils auf die Tierart abgestimmt, auf die man es abgesehen hat. Der Köder wird so befestigt, dass sich der Kopf des Tieres genau dort befindet, wo die Falle zuschnappt. Dieses Verfahren ist wesentlich weniger grausam als die gemeinhin in Schlachthöfen angewandten Methoden.

Natürlich kann man Mitleid mit den wilden Tieren haben, die vom Menschen getötet werden, doch sollte man auch nicht vergessen, dass die Tötungsmethoden des Menschen mittlerweile wesentlich weniger brutal sind als die aller Fressfeinde des jeweiligen Tieres. Man braucht sich nur anzusehen, wie ein Wolf den Bauch eines noch lebenden Karibus aufreißt und die Eingeweide herausfrisst! Seine Intelligenz und sein Gewissen trieben den

Vorhergehende Doppelseite
Wenn es bergauf geht, steigt der Musher vom Schlitten ab und schiebt, um die Hunde zu unterstützen. Gelegentlich dürfen die Hunde eine Verschnaufpause einlegen. Der Musher blockiert den Schlitten dann mit einer Bremse, damit er nicht zurückrutscht.

Rechts
Luchse leben so gut wie überall in den Bergen, aber man bekommt sie nur selten zu Gesicht.
Die Entwicklung eines Luchsbestands hängt immer eng mit der Hasenpopulation des entsprechenden Gebietes zusammen, der wichtigsten Nahrungsquelle der Raubkatzen. Norman berücksichtigt dies bei der Jagd.

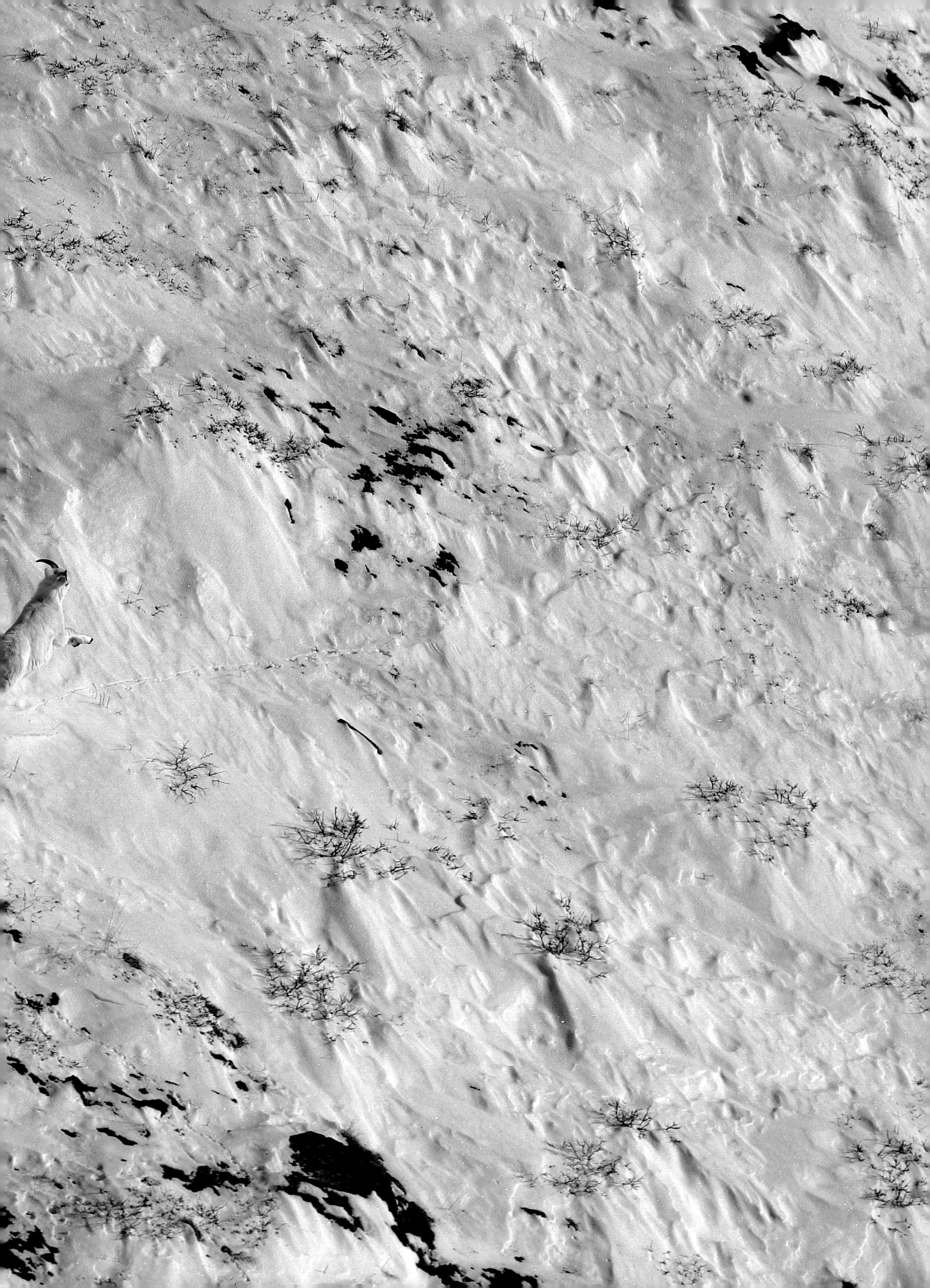

Vorhergehende Doppelseite
In den Rocky Mountains gibt es mehrere Arten von Wildschafen und wilden Ziegen. Bei den hier abgebildeten handelt es sich um Schneeziegen, die im gesamten nördlichen Teil der Rocky Mountains und den Gebirgen Alaskas verbreitet sind.

Oben
Schneehühner leben überall in Talsohlen, in denen Erlen wachsen, und ernähren sich im Winter von deren Knospen. Gelegentlich bilden sie dort regelrechte Kolonien.

rere Tausend Hektar umfasst. Er kennt die Tierarten, die dort heimisch sind, und weiß, welche Rollen ihnen im komplexen System der Natur zukommen: Die Wölfe jagen Elche und Karibus, die Luchse fressen Hasen, die Biber fällen Bäume und die Schneehühner ernähren sich den Winter über von Erlentrieben und verhindern so, dass diese Baumart überhand nimmt. Die Füchse wiederum leben von den Schneehühnern, und die Raben machen sich über die Reste ihrer Mahlzeiten her. Die Beziehungen zwischen Tieren, Pflanzen und Landschaft bilden ein System, das so verschlungen und faszinierend wie ein Spinnennetz ist. In ihm hat jeder seinen Platz und seine Rolle, und keine einzige Art wirkt als Schädling. Der Trapper beobachtet, überlegt und greift ein. Er ist ein intelligentes Raubtier, das dabei hilft, das Gleichgewicht zu erhalten.

IN DIE NATUR REGULIEREND EINGREIFEN

Im Frühjahr 1987 war auf einen plötzlichen Temperaturanstieg ein heftiger Schneesturm gefolgt. Dadurch bildete sich eine Schneekruste, die Schneehühner, die in Schneehöhlen schlafen, nicht durchstoßen konnten. Sie starben zu Tausenden. Für die Füchse war es ein Festessen. Die gut genährten Füchsinnen warfen in diesem Frühjahr Unmengen von Welpen, die alle überlebten, weil große Futterreserven in Gestalt eingefrorener Schneehühner vorhanden waren. Die wenigen Schneehühner, die die Katastrophe überlebt hatten, konnten kaum in Ruhe brüten, weil sie ständig von Füchsen aufgescheucht wurden. Im folgenden Winter gab es dreimal so viele Füchse wie sonst, und die Zahl der Schneehühner war auf ein Zehntel des üblichen Bestands geschrumpft. Weil die Erlentriebe nicht mehr abgepickt wurden, kolonisierte diese Pflanze neue Flächen und drängte andere Arten zurück. Selbst in einer Situation wie dieser weiß sich die Natur zu helfen. Es kostet sie viel Zeit und Kraft, aber schließlich wird sie ihr Gleichgewicht wiederfinden.

Der Mensch kann sie dabei unterstützen. Ein Trapper wird unter diesen Umständen fünf- bis zehnmal so viele Füchse fangen wie in anderen Jahren und keine Schneehühner jagen. Er wird ihre Winterquartiere nicht betreten und an den Rändern dieser Gebiete Fallen für Raubtiere aufstellen. Auf diese Weise erfüllt er die Verpflichtung, die er als Mensch gegenüber der Natur hat. Er tut bewusst, was andere Raubtiere unbewusst tun. Dies ist mit dem Verhalten des Wolfes vergleichbar, der eher ein krankes, als ein gesundes erwachsenes Karibu schlägt. Dieser Anteil aus der Natur steht ihm zu, denn er hat sich einen Teil genommen, ohne dem Ganzen Schaden zuzufügen. Er hat etwas weggenommen, damit sich das Ganze verbessern kann. Dies ist das eigentliche Motto des Trappers, jenes echten Trappers, den es bald nicht mehr geben wird. Eines nicht allzu fernen Tages wird die Natur allein auskommen müssen. Sie hat bereits begonnen, sich selbst zu helfen, während wir glauben, nicht länger auf sie angewiesen zu sein. Was für ein Fehler in unserem Denken!

Unsere Kinder essen Tiere, ohne zu wissen, dass man sie töten muss, bevor man sie portioniert und in Folie eingepackt in die Tiefkühltruhe legt. Manche glauben, dies sei ein Fortschritt. Sollen wir die Wölfe an Trockenfutter gewöhnen und in der Tundra für sie Automaten aufstellen, die sie mit Futter versorgen? Wird die Welt von morgen so aussehen? Es wird höchste Zeit, aus der Welt von gestern Lehren zu ziehen, die es uns ermöglichen, morgen besser zu leben. »Besser« im Sinne von näher an der Natur und mit der Natur statt gegen sie.

Vorhergehende Doppelseite
Biber fängt Norman mit Fallen, die er in Gewässern, in denen mehrere Biberfamilien leben, unter der Eisdecke auslegt. Weil Biberfelle nicht viel einbringen, verwendet Norman sie, um daraus Fäustlinge, Mützen und Kniewärmer herzustellen.

Rechts
Im Winter lässt sich Norman einen Bart wachsen, der die untere Gesichtshälfte vor der schlimmsten Kälte schützt. Der übrige Kopf bleibt unter der pelzgefütterten Tschapka und ihren heruntergelassenen Klappen warm.

» Wenn ich ein Tier töte, erkläre ich ihm, warum ich das tue. Ich sage ihm, was ich mit seinem Fell machen werde, mit seinem Fleisch und seinen Knochen. Ich entschuldige mich nicht, ich bedanke mich bei ihm. Das habe ich von den Naskapi-Indianern gelernt. «

Geben und Nehmen

Im hohen Norden ist die Artenvielfalt sehr groß, doch die Bestände selbst sind klein. Das liegt daran, dass die Natur hier weniger Nahrung bietet als in weiter südlich gelegenen Lebensräumen. Ein unkundiger Beobachter könnte sich von den großen Ansammlungen von Säugetieren oder Vögeln täuschen lassen, die zu bestimmten Zeiten auftreten. Karibus zum Beispiel schließen sich in Labrador zu mehreren Zehntausenden zusammen, und die Wapiti der Rocky Mountains bilden gelegentlich Herden von über dreihundert Tieren. Wenn so viele Tiere an einem Ort versammelt sind, kann es vorkommen, dass man ein Stückchen weiter nördlich oder südlich wochenlang kein einziges Exemplar dieser Art antrifft. Ebenso wie bei den großen Pflanzenfressern verhält es sich bei Vögeln oder kleineren Säugetieren wie zum Beispiel Hasen. Im Winter suchen sie in großer Zahl bestimmte Orte auf und sind dann dort, wo sie den Sommer verbringen, nicht anzutreffen. Dies ist auch bei den Schneehühnern der Fall. Im Sommer sieht man sie so gut wie überall, aber sobald der erste Schnee fällt, ziehen sie sich in Talsohlen zurück, in denen Erlensträucher wachsen. Diese Strauchart hat die Besonderheit, im Herbst auszutreiben, weil dann im kurzen Sommer mehr Zeit bleibt, Blätter und Blüten hervorzubringen. Die durch eine von der Pflanze abgesonderte Flüssigkeit vor dem Erfrieren geschützten Knospen dienen den Schneehühnern als Winterfutter. Daher trifft man dort, wo Erlen vorkommen, so viele dieser Vögel an, dass die Indianer von »Hühnerhöfen« sprechen. Norman und ich entdeckten südlich von Dawson eine Stelle, an der Hunderte oder sogar Tausende von Schneehühnern einen kleinen Canyon besiedelt hatten. An seinen Felswänden, die Erlen und Schneehühnern Wetterschutz boten, lebten Raben.

WOCHEN OHNE TIERE

Außerhalb der Wanderzeiten bilden die großen Versammlungen von Tieren jedoch Ausnahmen. Die Tiere der kalten Länder sind sehr scheu, und man begegnet ihnen nur selten. In seinem alten Revier kam es oft vor, dass Norman wochenlang kein Tier sah. Das war vor allem in der kältesten Zeit des Winters der Fall, in der sich die Tiere möglichst wenig bewegen, um keine Energie zu vergeuden. Ein Glück, dass dann Schnee liegt, der die Spuren deutlich sichtbar macht. Ein Trapper erkennt an der Spur, ob sie von einem männlichen oder einem weiblichen Tier stammt, vor allem aber liest er aus ihr heraus, was das Tier gerade tut, wohin es unterwegs ist oder was es vorhat. Er ersieht aus ihr, wie sich das Tier verhält und in welcher Stimmung es ist. Dank dieser Informationen weiß der Trapper, wie, wo und mit welchem Köder er das betreffende Tier fangen kann, wenn er dessen Fell haben will. Trotzdem ist nicht jedem Luchs auf die gleiche Art beizukommen. Jedes Tier hat seine eigenen Gewohnheiten, seine Stärken und Schwächen. Der Trapper versucht, sie herauszufinden, und indem er das Tier, das er jagt, genau studiert, lernt er es so gut kennen, dass er es schließlich bewundert und achtet.

Der Trapper fängt Tiere, denen er gleichzeitig Zuneigung und Respekt entgegenbringt, und damit wohnt seiner Arbeit der gleiche Widerspruch inne wie der des Holzfällers, der Bäume schlägt, obwohl er sie über alles liebt – mehr als die Leute, die in einem Wald nichts anderes sehen als ein Erholungsgebiet. Trapper und Holzfäller stehen mit der Natur in einer engen, von Achtung und Liebe geprägten Beziehung.

Links
Der Dodo Canyon bietet einen atemberaubenden Anblick. Im Herbst und Frühjahr ist ein Aufenthalt hier nicht ungefährlich, weil von oben immer wieder Steine oder Eiszapfen herabfallen. Trotzdem muss Norman ihn von Zeit zu Zeit passieren, denn ein Teil seines Reviers ist nur über diesen Canyon erreichbar.

Nachfolgende Doppelseite
Um seinen alten Freund Alex besuchen zu können, muss Norman die Wasserscheide überwinden, die zwischen ihren beiden Revieren liegt.

Oben
Wölfe stellen für den Menschen keine Gefahr dar. Dafür greifen sie Hunde, die sie aus tiefstem Herzen zu hassen scheinen, sehr häufig an. Dann muss ihnen der Mensch entgegentreten und sie vertreiben.

Oben
Dieses Wolfsrudel hatte es auf das Hundegespann abgesehen, das in sein Revier eingedrungen war. Nachdem die Wölfe die Hunde aber eine Weile beobachtet und festgestellt hatten, dass sie unter dem Schutz eines Menschen standen, zogen sie sich zurück.

Nachfolgende Doppelseite
Im tiefen Schnee laufen Wölfe stets im Gänsemarsch. Die Hierarchie im Rudel schreibt vor, wer hinter wem läuft.

Vorsicht! Gefahr!

In so abgelegenen Regionen wie dem kanadischen Norden, in denen das Straßennetz schlecht ausgebaut ist, sind Wasserläufe wichtige Verbindungswege – sowohl für Menschen als auch für Tiere. Der Yukon ist einer der längsten Flüsse Nordamerikas und stellt gleichzeitig die meistbenutzte Route dar.
Wie alle anderen Trapper und Musher befährt ihn Norman jahrein, jahraus, im Sommer mit dem Kanu, im Winter mit dem Hundeschlitten. Im Sommer gilt es als schwierig, bekannte Stromschnellen zu passieren, darunter die Five Fingers, doch handelt es sich um sichtbare Gefahrenstellen, deren Position man kennt. Im Winter ist es ganz anders: Eine nur einen Zentimeter dicke Eisdecke, die von einer zwanzig Zentimeter dicken Schneeschicht bedeckt ist, sieht haargenau so aus wie eine dreißig oder fünfzig Zentimeter dicke Eisdecke unter einer ebenso hohen Schneeschicht. Wenn man im Winter über gefrorene Gewässer wandern will, muss man sie sehr gut kennen und darüber hinaus viel Erfahrung mit Eis haben. Jedes Jahr kommt es zu tödlichen Unfällen, bei denen Gespann und Musher für immer unter dem Eis verschwinden. Man muss das Eis genau prüfen, bevor man sich darauf wagt.

DAS EIS PRÜFEN

Norman hat schon mehr als einen »miesen« Winter erlebt. Damit meint er Winter, in denen der Frost nicht streng genug ist. Milde Temperaturen am Winteranfang verhindern, dass sich über den Gewässern Eisschichten von ausreichender Stärke bilden. Wenn es dann anschließend zu starken Schneefällen kommt, ist die Schneelast zwar nicht schwer genug, um das dünne Eis einbrechen zu lassen, sie isoliert es aber vor der Kälte der Luft, sodass nicht einmal ein heftiger Temperatursturz bewirken kann, dass die Eisschicht an Stärke zunimmt. Wenn sich Norman nicht sicher ist, ob das Eis ihn und den Schlitten tragen wird, schlägt er mit einem Stock auf den gefrorenen Untergrund: Dickes Eis hat einen dunklen und dumpfen, dünnes Eis hingegen einen hohlen, widerhallenden Klang. Auch die Farbe ist für das geübte Auge ein Hinweis: Grau bedeutet in jedem Fall Gefahr!
Eine wichtige Rolle bei der Eisbildung spielt auch die Strömung. Je stärker sie ist, desto dünner ist die Eisdecke. Manche Stellen frieren nie zu, nicht einmal bei –60 °C. Bei guter Sicht sind diese eisfreien Stellen leicht auszumachen, denn durch den Temperaturunterschied zwischen dem Wasser und der kälteren Luft entstehen große Mengen Wasserdampf. Mit Packeis, das aus zusammengeschobenen und aneinander gefrorenen Eisschollen besteht, kann man böse Überraschungen erleben, insbesondere, wenn man mit hoher Geschwindigkeit um eine Flussbiegung kommt. Durch den Schwung und das Gewicht des Schlittens lässt sich dieser nur schwer bremsen, und wenn die Hunde mit Höchstgeschwindigkeit laufen, mit ihren Pfoten auf dem Eis aber nur wenig Halt finden, wird es schwer, zu manövrieren.
Tückisch sind auch die Einmündungen von Wasserläufen in einen ansonsten gleichmäßig und dick zugefrorenen See, denn hier bleibt das Eis ebenfalls den gesamten Winter über dünn. So muss man beim Befahren zugefrorener Gewässer stets wachsam sein, zumal sich Klimafaktoren von einem Winter zum nächsten ändern. Norman hat schon unzählige Male Eis überquert und geht nur Risiken ein, die er einschätzen kann. Dazu gehört, dass das Wasser unter dem Eis nicht tiefer als ein Meter sein darf, damit er sich zur Not wieder aufs Eis ziehen kann. Außerdem sollte die Lufttemperatur nicht unter –30 °C liegen, damit ihm Zeit zu reagieren bleibt und er sich noch ausziehen und ein Feuer anzünden kann,

Vorhergehende Doppelseite
Musher legen möglichst lange Strecken auf dem Eis gefrorener Gewässer zurück, weil die Hundeschlitten hier am besten vorankommen. Mensch und Hund müssen deshalb unbedingt lernen, gefährliches Eis an seiner Farbe und Struktur zu erkennen.

Rechts
Mit Schnee bedecktes Eis ist trügerisch. Norman ist schon oft auf zu dünnes Eis geraten, aber in diesem Fall konnten ihn wirklich nur die Hunde aus dem kalten Wasser ziehen.

bevor seine Kleidung gefriert und seine Hände durch die Kälte gefühllos werden. Auf gar keinen Fall aber darf die Strömung stark sein, denn eine starke Strömung würde ihn mitreißen, unter das Eis drücken und ihm jegliche Möglichkeit nehmen, sich selbst zu befreien. Es muss ein schrecklicher Tod sein, gleichzeitig ist es einer, der sehr rasch eintritt, da man aufgrund der Wassertemperatur ertrinkt und erfriert.

NORMANS UNFALL

Im hohen Norden kann die kleinste Unachtsamkeit furchtbare Folgen haben und selbst Norman, der die Tücken des Winters gut kennt, unterläuft gelegentlich ein Fehler. Es ist ein bisschen so, als wollte der Norden diesem Menschen, der ihm doch stets Respekt entgegenbringt, zeigen, dass er und seine weitläufigen, wilden Landschaften unbezähmbar und unberechenbar sind.

Ein Fehler kann zum Beispiel darin bestehen, die Fähigkeiten eines Hundes zu überschätzen, und genau dies ist Norman passiert. Er hatte anstelle von Nanook, der sonst sein Leithund war, einen anderen an die Spitze des Gespanns gesetzt, und dieser hatte einen Befehl nicht korrekt ausgeführt. Bei einem missglückten Richtungswechsel war er zu nahe an dünnes Eis geraten, und das Eis brach ein.

Als der erste Schreck darüber, ins eisige Wasser gefallen zu sein, vorbei war, krallten sich die Hunde an den Eisrändern fest. Unter Einsatz ihrer ganzen Kraft gelang es ihnen, sich aus dem bitterkalten Bad zu retten. Dabei kam ihnen zugute, dass sie sehr muskulös sind und dass sich ihr Gewicht auf vier Beine verteilt. Sie konnten sogar den Schlitten mit herausziehen, dessen Gewicht sie bei ihrem Kampf gegen Wasser und Eis stark behindert hatte. Unglücklicherweise reagierte Norman, dessen Bewegungsfähigkeit durch Unterkühlung bereits eingeschränkt war, nicht schnell genug und packte nicht zu, als der Schlitten aus dem Wasser kam und knirschend wieder aufs Eis glitt. Bei jedem Versuch, sich selbst aufs Eis zu ziehen, brach es unter ihm weg. Er merkte, wie sein Körper immer gefühlloser wurde, wie ihm jede Bewegung von Sekunde zu Sekunde schwerer fiel, wie diejenigen Teile seiner Kleidung, die zwar durchnässt, aber über Wasser waren, gefroren, während sich der Rest mit Wasser voll sog und immer schwerer wurde. Er befürchtete, der Griff an den Schlitten sei seine letzte Chance gewesen. Er hatte sie ungenutzt verstreichen lassen, und nun würde die Kälte ihn töten.

Dennoch unternahm Norman einen letzten Versuch. Er rief die Hunde, obwohl er kaum wagte, daran zu glauben, dass sie tatsächlich

Links
Die Hunde brachen ein, konnten sich aber wieder aufs Eis retten und den Schlitten hinter sich herziehen. Norman schafft es jedoch nicht, sich im richtigen Moment daran festzuhalten.

Vorhergehende Doppelseite
Wenn sie einbrechen, geraten Hunde leicht in Panik, denn Leinen und Geschirre behindern ihre Bewegungsfreiheit und das Gewicht des Schlittens zieht sie unter Wasser. Zum Glück gelingt es ihnen oft, ihre Bemühungen aufeinander abzustimmen und so gemeinsam dem sicheren Tod zu entrinnen.

zu ihm zurückkehren würden. Doch die Verzweiflung in seiner Stimme ließ die junge Hündin Apache aufhorchen. Sie wusste: Ihr Herr war in Gefahr. Ihre erste, instinktbestimmte Reaktion war Flucht gewesen. Dann aber übernahm ihre Intelligenz wieder die Kontrolle. Sie erfasste die Situation und reagierte rasch. Die Liebe zu ihrem Herrn war stärker als die Angst. Damit beeinflusste sie auch ihre Gefährten, und das gesamte Gespann kehrte zu Norman zurück. Sie brachten den Schlitten in seine Nähe, sodass er sich daran festhalten konnte, und zogen ihn aus dem Wasser. Auf diese Weise rettete ihm Apache das Leben. Norman weint, wenn er diese Geschichte erzählt. Er gibt zu, dass er anfangs nicht viel Vertrauen in diese Hündin besaß, die er geschenkt bekommen hatte. Seit jenem Unfall aber stehen sie einander sehr nahe, und ich weiß nicht, aus wessen Blick mehr Liebe spricht, wenn sie einander ansehen.

EISSCHLAMM UND EIS

Die Inuit besitzen mehrere Dutzend Begriffe für das, was wir »Schnee« und »Eis« nennen, und sie definieren jeweils präzise sowohl Konsistenz als auch Stabilität. Das ist nur zu verständlich, wenn man bedenkt, dass der Winter in ihrer Heimat beinahe zwölf Monate lang anhält.

Die Dicke einer Eisdecke wird durch die Lufttemperatur bestimmt. Bei –50 °C kann man sich unbesorgt mit einem 250 Kilogramm schweren Schlitten auf eine zwei Zentimeter dicke Eisdecke wagen. Bei –10 °C muss man dagegen sehr vorsichtig sein. Im Allgemeinen neigt man dazu, die Stabilität des Eises zu unterschätzen: Bereits eine drei Zentimeter dicke, direkt auf dem Wasser liegende Eisplatte ist extrem belastbar, auch wenn sie ab und zu dieses hässliche Knirschen hören lässt, bei dem einem der kalte Schweiß ausbricht.

Auch Eisschlamm treibt einem den Adrenalinspiegel ganz schön in die Höhe. In einer Eisschicht können mehrere Schichten Eisschlamm verborgen sein, und wenn die oberste Lage Eis bricht, weiß man nie, ob darunter eine massive Eisdecke liegt oder aber Eisschlamm, in dem der Schlitten sogleich einsinken wird.

Selbst wenn man noch einmal mit dem Schrecken davongekommen ist, macht der Eisschlamm Ärger, denn sowie er mit der Luft in Kontakt kommt, friert er an den Schlittenkufen fest. Dem Musher bleibt dann nichts anderes übrig, als den Schlitten abzuladen, ihn umzudrehen und die Kufen mit einem Messer oder einer Axt vom Eis zu befreien. Wann immer man über ein zugefrorenes Gewässer fährt, auf dem der Wind Schneewehen aufgetürmt hat, muss man sich das Eis, das vor einem liegt, ganz genau ansehen und graue Zonen meiden, denn eine Graufärbung ist ein untrüglicher Hinweis auf Eisschlamm.

Hunde nehmen manchmal nicht wahr, dass mit dem Eis etwas nicht stimmt. Man darf nicht vergessen, dass sie zu mehreren eingespannt sind und einen mitunter sehr schweren Schlitten ziehen. Oft kommt es vor, dass die Eisschicht zwar die Hunde trägt, unter dem Schlitten aber wegbricht. Manchmal liegt es an der Art, wie das Gewicht der Ladung verteilt ist. Aus dem gleichen Grund kann ein dreißig Kilogramm schweres Kind, das auf zwei Beinen über das Eis geht, einbrechen, während einem Hund mit gleichem Gewicht, der auf vier Pfoten läuft, nichts passiert. Gibt das Eis unter Norman nach und breiten sich die Risse rasend schnell sternförmig aus, dann macht er schon mal »die Spinne«: Er legt sich mit gespreizten Armen und Beinen auf das Eis, um sein Gewicht gleichmäßiger zu verteilen, und robbt in dieser Haltung auf eine tragfähigere Stelle.

Nach wenigen Sekunden im eisigen Wasser lässt die Durchblutung der Fingerspitzen nach. Norman kann sich nicht mehr an den Rändern der Eisplatte festhalten, die ohnehin unter seinem Gewicht wegbrechen.

Ohne Nanook als Leithund, der auf dem Ritt nach Dawson von einem Auto überfahren wurde, werden die Hunde Norman wahrscheinlich seinem Schicksal überlassen.

Apache, die junge Hündin, die Norman in Dawson von einem Freund geschenkt bekam, reagiert auf die verzweifelten Rufe ihres neuen Herrn. Sie kehrt zu Norman zurück – und mit ihr das ganze Gespann.

» Vor langer Zeit verlor Alex seine zehn Hunde, weil er sich zu weit von ihnen entfernt hatte. Wölfe hassen Hunde, und wenn Menschen es nicht verhindern, töten sie sie im Handumdrehen. Deshalb passe ich immer auf. Dieses schreckliche Ereignis war mir eine Lehre. «

DIE HUNDE – GEFÄHRTEN IN DER EINSAMKEIT

Auf seinen winterlichen Streifzügen setzt Norman stets die Hunde und den Schlitten ein. Auf diese Weise kommt er überallhin, auch an Orte, an die motorbetriebene Fahrzeuge nicht gelangen können. Die Unwegsamkeit der Landschaft ist der Grund dafür, dass viele Gebiete in den Rocky Mountains unberührt geblieben sind, zumal man sie auch mit Schneemobilen nur ausnahmsweise bei besonders günstigen Witterungsbedingungen durchqueren kann.

Gespann und Schlitten stören außerdem das Wild weniger. Luchse, Vielfraße, Füchse und Coyoten folgen gerne den Hundefährten und nutzen die gespurte Piste, denn auf dem zusammengepressten Schnee kommen sie schneller und müheloser voran. So sparen sie kostbare Energie und damit Kalorien, die der Erhaltung der Körperwärme zugute kommen. Weil Hunde für sie einfach nur Tiere sind, werden sie durch ihre Anwesenheit nicht beunruhigt. Für Norman ist das von Vorteil, denn dadurch kann er die verschiedenen Gebiete seines Reviers aufsuchen, ohne das Wild daraus zu vertreiben. An bestimmten strategischen Punkten stellt er seine Fallen sogar direkt neben seiner Piste auf. Im Übrigen rettete der mitunter erstaunliche Mut der Hunde Norman auch schon mehr als ein Mal aus riskanten Situationen.

Dies alles sind vernünftige, praktische Gründe dafür, sich Hunde zu halten. Der eigentliche und für Norman wichtigste Grund aber ist, dass ihm die Hunde Gesellschaft leisten. Die Beziehung zwischen Norman und seinen Hunden ist sehr eng und vertieft wiederum seine Beziehung zur Natur. Die Hunde lassen Norman nie im Stich, sie verstellen sich nicht, lügen nicht, und es braucht zwischen Norman und ihnen nicht viele Worte. Blicke genügen, zumal die Hunde ohnehin alle seine Gefühle erspüren.

Besonders in den langen Wintermonaten steht Norman in engem Kontakt zu den Hunden. Musher und Hunde leben dann wie in einer eigenen Welt, in die keinerlei Einflüsse von außen dringen. Die Beziehung zu den Hunden ist es auch, die es einem Menschen überhaupt erst ermöglicht, in der grenzenlosen Einöde zu überleben und nicht vor Einsamkeit verrückt zu werden. Deshalb beschäftigt sich Norman viel mit seinen vierbeinigen Gefährten.

Für die Arbeit mit dem Schlitten ist es wichtig, dass sie ihm gehorchen und ihn respektieren. Gleichzeitig will er aber auch nicht zu dominant auftreten, denn die Hunde sollen ihn achten, aber nicht fürchten. In einer Beziehung zum Menschen, die auf Vertrauen beruht, geben die Hunde aus ganzem Herzen ihr Bestes. Daher schuf sich Norman einen Platz neben der Meute und nicht über ihr. Dieser Unterschied ist wichtig, denn er bemüht sich um einen gewissen Abstand, um keine Eifersucht zwischen den Hunden hervorzurufen. Er versucht, auf jeden Hund individuell einzugehen, weil er weiß, dass manche von ihnen mehr Aufmerksamkeit brauchen oder intensiver gefördert werden müssen als andere. Ebenso gibt es Hunde, die sich ihren Artgenossen stärker verbunden fühlen als ihrem Herrn. Sie suchen weniger seine Nähe und schätzen es nicht, wenn er sich in die Angelegenheiten des Rudels einmischt. Das muss Norman respektieren.

Die Kommunikation zwischen Mensch und Tier ist ein fester Bestandteil von Normans Alltag. Ohne Hunde wäre es schwieriger, die Motivation, diese Art von Leben zu führen, aufrechtzuerhalten. Weil er die Hunde so gut kennt, weiß er auch, dass er sie nicht vermenschlichen darf. Trotzdem flirtet er gerne immer mal wieder mit Apache, bis sie ganz verlegen wird. Oder er sagt in ernstem Ton zu meinem Voulk, dass er endlich damit aufhören soll, sich über einen jungen Hund lustig zu machen, der den Angeber spielt.

Anfangs hatte Norman kein großes Vertrauen zu dieser kleinen Hündin, die Schwierigkeiten hatte, sich in das Rudel zu integrieren. Von dem Tag an, an dem sie ihm das Leben rettete, stellte er Apache jedoch an die Spitze des Gespanns neben Voulk, der sich prompt in sie verliebte.

DAS GESPANN IM FILM

Es wird Zeit, die Hunde vorzustellen, die Norman bei den Dreharbeiten zur Seite stehen. Mit ihren Mannequinallüren und ihren schönen blauen Augen zieht Apache alle Blicke auf sich. Voulk kann ihrem Charme nicht widerstehen. Er sieht sie ständig zärtlich an, und deshalb wagt sich kein anderer Rüde in ihre Nähe. Apache ist launisch, wie es Stars nun einmal sind. An einem Tag legt sie sich gewaltig ins Zeug, am nächsten sträubt sie sich und geht allen auf die Nerven. Und dann ist sie eingeschnappt. Aber das dauert nicht lange, ganz so als wüsste sie, dass das Schmollen ihr nicht gut steht.

Crevette (»Krabbe«) ist von der Schnauzen- bis zur Schwanzspitze ganz Weibchen. Sie ist zärtlich, kokett und setzt alle erdenklichen Tricks ein, um ihre Ziele zu erreichen. Sie ist hartnäckig und mutig. Gelegentlich ziert sie sich, meistens kann man aber auf sie zählen. Unter den drei Weibchen des Rudels ist sie das dominanteste. Voulks Verliebtheit in Apache ist ihr nicht recht. Crevette ist eifersüchtig, weil Apache nicht nur von Voulk, sondern von allen Rüden angehimmelt wird. Sie nutzt die Autorität, die sie im Rudel besitzt, um sich zu rächen, und das bringt die anderen gegen sie auf. Wenn Norman dies bemerkt, widmet er ihr mehr Zeit und Aufmerksamkeit.

Mit seinen goldgelben Augen scheint Minik die Strahlen der Sonne einzufangen. Er ist ein fanatischer Läufer, der sich seine Kräfte nicht einteilt. Kaum hat man ihn angeschirrt, da springt er schon hin und her, als könne er dadurch den Start beschleunigen. Wenn er das macht, bleibt Voulk, der Leithund unseres Filmgespanns, ganz gelassen liegen und sieht ihn mitleidig an. Minik ist einer dieser Hunde, die auch mit zunehmendem Alter nicht ruhiger werden. Dafür ist er sehr stark, und sein Eifer steckt die anderen an.

Nabouko ist kein schlechter Kerl, auch wenn er nicht sehr Vertrauen erweckend aussieht. In seiner Position als stellvertretender Meutenchef hat er es nicht leicht. Zwischen ihm und dem ranghöheren Voulk schwelt ein ernster Konflikt. Nabouko leidet darunter, dass er zwischen Chef und Rudel steht, unternimmt aber nichts dagegen. Er ist stets auf der Hut, gegenüber den anderen manchmal verschlagen und der unbeliebteste Hund des Gespanns. Er träumt davon, zu herrschen, und wird seine Persönlichkeit wohl erst dann frei entfalten, wenn er die anderen tatsächlich beherrschen kann. Und trotzdem besitzt er alle Eigenschaften, die ein guter Rudelchef braucht.

Pussy steht in der Rangleiter der Weibchen auf der niedrigsten Stufe, aber das ist ihr ziemlich egal. Pussy war von Geburt an ein glücklicher Hund und wird es bis an ihr Lebensende bleiben. Die Hierarchie im Rudel ist nicht alles, und es kostet zu viel Energie, in ihr seinen Platz zu behaupten. Dabei ist das Leben als Schlittenhund doch so schön, und man sieht so viele interessante Dinge … Wenn es einen Preis für gute Laune gäbe, müsste Pussy ihn bekommen!

Und dann ist da noch Rox. Der Name passt gut zu ihm. Er ist stämmig, stark, ein bisschen tapsig und unglaublich freundlich. Fast zu freundlich, denn er setzt seine Kraft nur bei der Arbeit ein und niemals, um sich durchzusetzen. Die anderen nutzen das manchmal aus und haben nicht allzu viel Respekt vor ihm. Die Menschen werden durch seine verschiedenfarbigen Augen auf Rox aufmerksam und streicheln ihn gerne. Das lässt er sich bereitwillig gefallen. Er ist ein großer Hund mit einem noch größeren Herzen.

Vorhergehende Doppelseite
Ein hoher Gipfel ragt aus dem Nebel. Der Nebel ist Wasserdampf, der entsteht, wenn bei starken Temperaturstürzen bis dahin eisfrei gebliebene Gewässerzonen wie Wasserfälle zufrieren.

Rechts
Es ist sinnvoll, von Zeit zu Zeit mit dem ganzen Rudel spazieren zu gehen. Ohne Geschirre und Leinen können sich die Hunde frei bewegen. Kleine Rangkämpfe untereinander stärken den Zusammenhalt des Gespanns.

» Solange ich nicht irgendwo eine ganze Saison verbracht habe und nicht wirklich begonnen habe, mit dem, was mich umgibt, ein Zwiegespräch zu führen, kenne ich das Revier nicht. Für all das braucht es Zeit. «

Eine schöne Freundschaft

Alex, Normans bester Freund, ist ebenfalls Trapper und der naturverbundenen Lebensweise immer treu geblieben. Mit knapp achtzig Jahren strahlt er Zufriedenheit und Milde aus, obgleich es scheint, als könne jede Falte in seinem Gesicht eine andere spannende oder auch tragische Geschichte erzählen. Früher fingen Trapper wie er vorwiegend Biber, doch heute werden deren Felle nicht mehr sehr geschätzt, und so gaben Alex und andere diese mühsame Spezialisierung auf. Mittlerweile haben sich die Biber in manchen Gegenden allzu stark vermehrt, und die Regierung versucht, ihre Zahl einzudämmen, indem sie Prämien für getötete Biber zahlt oder sich bemüht, die Bestände der Luchse zu vergrößern, die wiederum Fressfeinde der Biber sind. Heute fangen die meisten kanadischen Trapper vorwiegend Nerze und daneben eine geringe Anzahl von Luchsen, Wölfen und Vielfraßen.

JAGD AUF NERZE

Der Nerz gehört zur Familie der Marder und wiegt etwas über ein Kilogramm. Die Skala seiner Fellfarben reicht von Dunkelgelb bis Schwarzbraun. Je dunkler das Fell, desto mehr bringt es ein: bis zu hundert Dollar das Stück. Ein Trapper mit einem ergiebigen Revier kann pro Saison mitunter dreihundert dieser Tiere fangen und reduziert damit die Nerzpopulation seines Reviers um höchstens zwanzig Prozent. Er fängt sie in den Monaten November und Dezember, wenn sich die jungen, im gleichen Jahr geborenen Nerze auf die Suche nach einem eigenen Revier begeben. Ungefähr Mitte Dezember merken die Trapper meist, dass ihnen nun ebenso viele erwachsene wie junge Tiere in die Fallen gehen. Dann beenden sie die Nerzjagd, um den Bestand nicht zu gefährden, der ja ihr Kapital darstellt. Die zwanzig Prozent, die Trapper aus einzelnen Beständen herausfangen, stellen gewissermaßen die Rendite dar. So nutzen sie ihr Revier, ohne dessen Ressourcen zu erschöpfen. Eine vergleichende Studie, die in einem Gebiet durchgeführt wurde, das erst von einem Trapper genutzt wurde und später ungenutzt blieb, erbrachte interessante Ergebnisse.

Gehen wir von einem Bestand von hundert Nerzen in einem bestimmten Gebiet aus. Ein Trapper tötet zwanzig. Achtzig bleiben übrig und »produzieren« im Frühjahr etwa dreißig Junge. Weitere zehn Nerze sterben an natürlichen Ursachen wie Alter und Krankheiten. Es bleiben wieder zwanzig für den Trapper übrig. Und so kann es gefahrlos für die Population dieser Art immer weitergehen, wenn der Trapper jedes Jahr, je nach Jagdglück, zehn bis dreißig Nerze erwischt.

Stellen wir uns nun vor, der Trapper würde dieses Revier verlassen. Anstelle von achtzig überleben hundert Nerze den Winter, und sie bekommen insgesamt vierzig Junge. Am Ende des folgenden Winters sind es 130, die Anzahl der im Frühjahr neugeborenen Nerze beträgt 45. Und so weiter? Nein, so geht es nicht einfach weiter, denn ab dem darauf folgenden Jahr finden die überschüssigen Nerze weder genügend freie Reviere, noch ausreichend Futter. Die Tiere magern ab, die Weibchen werfen immer weniger Junge oder gar keine mehr. Nach einigen Jahren hat sich der Bestand wieder bei den ursprünglichen Zahlen eingependelt. Doch ein Teil des Bestandes blieb ungenutzt: der des Menschen.

Der Trapper ist immer auch der Wächter seines Reviers, weil er es liebt und in ihm lebt. Wenn es diese Wächter nicht mehr gibt, wird niemand mehr da sein, der Alarm schlägt, wenn die Reviere rücksichtslos ausgebeutet werden. Obwohl die Trapper in ihrem Alltag allein und auf sich gestellt in der Wildnis leben, treten sie durchaus für die Natur ein, wenn diese bedroht wird.

Nachfolgende Doppelseite
Norman erzählt seinem Freund von seinen Problemen. Sie beide gehören zu den letzten Trappern. Alex rät ihm eindringlich, sein Revier um jeden Preis zu halten. »Wer soll sich denn sonst darum kümmern?«, fragt er Norman.

Rechts
Alex ist so etwas wie der Großvater aller Trapper von Yukon. Weil Norman viel von ihm gelernt hat, betrachtet er ihn auch als seinen geistigen Vater. Deshalb nimmt Norman regelmäßig die lange und beschwerliche Reise auf sich, um ihn zu besuchen.

EISFISCHEN

Im Winter ist das Fischen schwieriger als im Sommer, und das nicht nur wegen der Eisschicht, die sich über Gewässern bildet. In der kalten Jahreszeit bewegen sich die Fische weniger und halten sich an Orten auf, die man erst einmal kennen oder erraten muss. Im Allgemeinen bleiben sie in der Nähe des Gewässerbodens. Um sie fangen zu können, schlägt man an geeigneten Stellen Löcher ins Eis und angelt mit einem Köder, oder man spannt zwischen zwei Löchern ein Netz. Das ist eine mühselige Angelegenheit, denn für ein zwanzig Meter langes Netz muss man mindestens vier Löcher mit jeweils fünf bis sechs Meter Abstand zueinander in das Eis schlagen. Anschließend zieht man mithilfe einer biegsamen langen Stange eine Schnur von Loch zu Loch, an der das Netz hängt.

EINSAM, ABER SOLIDARISCH

Norman und Alex treffen sich gelegentlich zum Eisfischen. In ihrem einsamen Leben besitzen gemeinsam verbrachte Stunden Seltenheitswert, aber ihre Freundschaft hat Bestand, auch weil sie an guten Traditionen festhalten. So bleibt einem Trapper niemals die Tür des Blockhauses eines anderen Trappers verschlossen. Im Gegenteil: In jedem Blockhaus liegt auch dann, wenn sein Besitzer abwesend ist, ein Arm voll Holz bereit, damit jemand, der das Haus betritt, ein Feuer machen und sich aufwärmen kann. Aus dem gleichen Grund werden für den Fall der Fälle stets einige unverderbliche Lebensmittel zurückgelassen. Gastfreundschaft ist für diese Menschen, die unter schwierigsten Bedingungen und sehr isoliert leben, keine Frage der Höflichkeit, sondern eine Frage des Überlebens. Menschliche Wärme gleicht die kalten Außentemperaturen ein bisschen aus, und nach Wochen des Alleinseins ist ein Besuch für beide Seiten unendlich tröstlich.

Trapper besitzen Funkgeräte und teilen einander mit, wo sie sich gerade aufhalten. Alex weiß, wann Norman wo ankommen soll, und hält Norman seinerseits auf dem Laufenden. Treffen verabreden sie über Funk. Wenn der eine nichts von sich hören lässt, macht sich der andere sofort auf die Suche. Jeder würde, ohne zu zögern, eine Woche und länger opfern, um das Revier seines Freundes aufzusuchen und ihm zu helfen. Im hohen Norden hat Freundschaft einen sehr hohen Stellenwert.

Alex und Norman beim Eisfischen. Da man nicht unbedingt mehr Fische fängt, wenn man dabei redet, und beide ohnehin keine Männer sind, die viele Worte machen, schweigen sie gemeinsam.

Alex ist fast achtzig Jahre alt, und trotzdem kann er sich nicht vorstellen, das Leben als Trapper in den Bergen aufzugeben. Er kümmert sich um sein Revier und jagt gerade so viele Tiere, dass er sich mit dem Erlös ihrer Felle das wenige kaufen kann, was er braucht.

Es macht Alex traurig, dass die nächste Generation nicht mehr in den Bergen leben will. Deshalb gründete er sogar eine Schule, um junge Leute, die Reviere übernehmen, zu unterstützen. Doch die Jungen finden, die Arbeit sei zu hart und bringe zu wenig ein.

VOULK, EIN AUSSERGEWÖHNLICHER HUND

Er ist der Patriarch, der alte Weise. Ich wollte, dass er im Film Normans Leithund ist, es ist ein würdiger Abschluss seiner Karriere, denn Voulk wird nicht mehr lange an der Spitze eines Gespanns laufen. Er ist dreizehn Jahre alt – es wird ihn bald nicht mehr geben.

Aus seinen verträumten goldbraunen Augen lese ich all die Geschichten heraus, die wir gemeinsam erlebten. Gibt es irgendwo einen Hund, der so viel vollbrachte wie er? Mit Norman und mir durchquerte er den hohen kanadischen Norden, außerdem Alaska, von Lappland lief er bis nach Russland, in den Rocky Mountains von British Columbia bis nach Dawson, und auf der Strecke des Yukon Quest, des weltweit härtesten Rennens für Schlittenhunde, führte er das Gespann von Whitehorse bis nach Fairbanks an. Er bewältigte die rumänischen Karpaten, rannte auf Pisten im Jura und in den Alpen und durchstreifte den Norden Québecs in allen Richtungen. Dreizehn Jahre lang stand er mir in unglaublichen Abenteuern zur Seite und prägte mein Leben wie zuvor nur Otchum, sein Vater.

Es ging nicht an, dass Voulk nicht zu diesem Gespann von sieben Hunden dazugehörte. Ich durfte ihm nicht die Freude versagen, mich auch bei diesem Abenteuer begleiten zu dürfen, wo ich doch weiß, dass ich die nächsten spannenden Exkursionen mit seinen Söhnen erleben werde.

Und welcher Hund wäre bei den Dreharbeiten geduldiger als er? Keiner führt die Befehle präziser aus als er, keiner übertrifft ihn an bedingungslosem Gehorsam – vor allem, wenn für den Film Situationen nachgedreht werden, die ein Hund normalerweise nach Kräften zu vermeiden versucht. Ein Eisloch passieren, sich auf dünnes Eis wagen, eine Schlucht hinunterlaufen, die viel zu steil ist – Voulk bewältigt dies alles. Sein Vertrauen in mich ist vorbehaltlos. Wenn ich etwas von ihm verlange, tut er es. Aus Liebe, aus Freundschaft, man kann es nennen, wie man will. Alle, die ihn erlebt haben, sind sich einig: Voulk ist ein außergewöhnlicher Hund. Ohne ihn hätten wir viele Szenen gar nicht drehen können, und zum Schluss wäre ein ganz anderer Film herausgekommen. Norman verliebte sich sofort in ihn, und Voulk brachte ihm Vertrauen entgegen. Voulk ist einzigartig, und ich bin es ihm schuldig, dass die Welt das durch den Film und dieses Buch erfährt.

Eine der besonderen Freuden in Normans Trapperleben ist seine Beziehung zu den Hunden, denen die Fahrten mit dem Schlitten ebenso viel Spaß machen wie ihm.

Der Blizzard

Trapper geraten mitunter in furchtbare Schneestürme. Ein Blizzard ist ein Schneesturm, der hier oben im Norden oft Windstärke zehn erreicht. Plötzlich sieht man nichts mehr, weder vor sich noch hinter sich, weder links noch rechts. Es ist der *white-out:* Schnee, der vom Boden hochgeblasen wird, wirbelt zusammen mit dem Schnee herum, der vom Himmel stürzt, und dazu brüllt ein ohrenbetäubender Sturm. Man ist geblendet, weiß nicht mehr, wo der Himmel aufhört und die Erde anfängt, es gibt keine Grenzen mehr, es gibt nur noch die allgegenwärtigen weißen Flocken und den tobenden Wind. Es wird einem schwindelig, und man verliert rasch die Orientierung.

Wenn er nicht einmal mehr das vordere Ende seines Schlittens erkennen kann, weiß Norman, dass es keinen Sinn hat, weiter gegen die Elemente anzukämpfen, und dass er sich schleunigst einen geschützten Ort im Wald suchen sollte. Die Hunde wölben den Rücken und kneifen den Schwanz ein. Sie hassen diesen Wind, der sich durch ihr dichtes Fell gräbt, sich in ihre Ohren bohrt, in ihre Nase, und sie wollen sich lieber hinlegen und zusammenrollen. Ein guter Leithund kann einer schneebedeckten Piste im Sturm dank seines Geruchssinns immer weiter folgen, doch tut er es nur, wenn man ihn dazu zwingt.

DER WINDCHILL-FAKTOR

Wer plötzlich einem Blizzard ausgesetzt ist, erlebt gleichzeitig auch einen beängstigenden Temperatursturz, der auf den Windchill-Faktor zurückzuführen ist: Pro Meter in der Sekunde nimmt die Lufttemperatur mit der Windgeschwindigkeit um 1 °C ab. Man bekommt es mit der Angst zu tun. Wenn man sich in so einem Moment auf einem Fluss befindet, versucht man, so rasch wie möglich eine Uferstelle mit Bäumen oder Sträuchern zu erreichen, die etwas Schutz vor dem Wind bieten. Wird man mitten auf einem gefrorenen See überrascht, sollte man um keinen Preis den Schlitten loslassen. Am besten bindet man sich eine Schnur um die Taille und knotet diese am Schlitten fest, damit man ihn nicht im Schneegestöber verliert. Es mag sich wie eine Übertreibung anhören, aber man kann tatsächlich im Sturm sterben. Norman erzählte mir von einem Trapper, dem es in einem Schneesturm gelungen war, sein Zelt aufzustellen. Sobald er darin saß, fühlte er sich außer Gefahr. Später ging er hinaus, um sich zu erleichtern – er verlor die Orientierung und kehrte nie wieder zurück. Am nächsten Morgen lag er unweit seines Zeltes tot am Boden. Deshalb sollte man sich immer auch mit einer Schnur an seine Ausrüstung binden, bevor man ein Feuer macht, einen Windschutz baut oder das Gespann abschirrt. Man kann Mauern aus kleinen festen Schneeblöcken bauen, um die Hunde ein wenig vor der Witterung zu schützen. Notfalls graben sie sich selbst Kuhlen in den Schnee und rollen sich darin so zusammen, dass der Schwanz das Gesicht bedeckt, denn auf diese Weise geht kaum Körperwärme verloren. Bald deckt der Schnee sie zu und schützt sie vor dem kalten Wind.

Nicht selten kann man die Hunde nach dem Schneesturm zunächst einmal nicht mehr sehen. Erst wenn es weitergehen soll, geraten die kleinen Schneehügel plötzlich in Bewegung und man erkennt hier und da ein Stückchen helles oder dunkles Fell. Die nordischen Hunde sind in der Lage, in ihren Schneelöchern eine –50 °C kalte Nacht zu überstehen. Gefährlicher ist extreme Kälte für sie, wenn sie laufen, weil sie die eisige Luft dann ungewärmt einatmen und empfindliche Körperteile wie Zunge, Nase und Geschlechtsorgane der Kälte ausgesetzt sind, was zu Erfrierungen führen kann.

Links
Wenn der Sturm den Schnee am Boden hochwirbelt, sodass er sich mit den Schneeflocken vermischt, die vom Himmel fallen, spricht man von einem Blizzard oder *white-out.* Wer im Schneesturm unterwegs ist, wird geblendet und verliert leicht die Orientierung. Norman führt die Hunde, die nicht mehr weitergehen wollen. Sie müssen so schnell wie möglich einen Wald erreichen, der ein wenig Schutz vor dem Wind bietet.

Nachfolgende Doppelseite
Die Hunde haben den Wald gesehen und stürmen darauf zu. Im Wald wird Norman sein Zelt aufschlagen und warten, bis der Sturm sich legt.

» Los, mein Liebling, wir müssen weiter, wir müssen hier weg.
Es muss sein, verstehst du? Wenn du dich jetzt nicht von der Stelle rührst, wirst du sterben,
Apache – wir werden alle in diesem Sturm umkommen. «

DIE HUNDE WERDEN VERDRÄNGT

Wenn man von einem Blizzard überrascht wird, können einem nur noch die Hunde helfen, die fast immer in der Lage sind, einen Weg durch das blendende Gewirbel zu finden. Ein Schneemobil weiß nicht, in welcher Richtung seine Garage liegt, ein Flugzeug kann bei Sturm nicht einmal abheben. Ein Blizzard ist nicht immer schnell vorbei, mitunter dauert er Tage. Trotzdem verbesserten die seit Beginn des 20. Jahrhunderts eingesetzten Flugzeuge und die Schneemobile, die später aufkamen, das Leben von Trappern wie Norman.

Inuit, Indianer und Trapper konnten nun in Gebieten jagen, die von ihren Stützpunkten weit entfernt lagen, oder sie ließen sich zu Beginn der Saison dort hinbringen und nach dem Winter abholen. Dies führte allerdings auch zu Missbrauch, denn da sie jede Saison das Revier wechseln konnten, beuteten manche das Gebiet, in dem sie einen Winter lang jagten, rücksichtslos aus – mit dem Argument, dass die Tierpopulationen dann ja genug Zeit hätten, sich wieder zu erholen. Sie töteten so viele Tiere, wie sie konnten, ohne an die Zukunft dieser Regionen zu denken.

In dieser Zeit gingen in manchen Gebieten die Bestände besonders von Luchsen und Bibern so stark zurück, dass erste Tierschutzverordnungen erlassen wurden, mittels derer das Fallenstellen an bestimmten Orten untersagt und Quoten festgelegt wurden. Man sah langsam ein, dass die frühere Art der Bejagung nicht richtig war, und verhielt sich fortan verantwortungsbewusster.

Heutzutage ist das Fallenstellen gesetzlich geregelt. Der Trapper muss in einem Revier bleiben, und er darf das Revier nicht jedes Jahr wechseln oder vergrößern. Er darf nicht vom Kapital zehren, sondern muss sich mit den Zinsen begnügen.

WASSERFLUGZEUG UND SCHNEEMOBIL

Viele Trapper nutzen Wasserflugzeuge, um sich das bringen zu lassen, was sie während der Jagdsaison benötigen, insbesondere Benzin für ihr Schneemobil. Mit dem Schneemobil kommen sie schneller voran und können längere Strecken zurücklegen als mit Schlitten und Gespann. Außerdem kann man das Schneemobil einfach irgendwo abstellen, wenn der Winter vorbei ist. Die Hunde dagegen brauchen zu jeder Jahreszeit Futter, auch im Sommer.

Aus diesem Grund vertrauen die Trapper immer mehr auf die Technik und verzichten auf Hunde. Wer aber Hunde besitzt, lebt vorzugsweise in der Nähe eines Flusses, in dem es im Sommer Lachse gibt, und holt von den Behörden die Genehmigung ein, »Fischräder« aufzustellen. Dies sind Gestelle, die sich mit der Strömung drehen und in die vier große Körbe wie die Schaufeln eines Mühlrads eingehängt sind. Die wandernden Lachse prallen gegen aufgespannte Netze und springen in die Körbe. Von dort fallen sie über eine Holzrinne in einen Trog, aus dem man sie ein- bis zweimal am Tag einsammelt. Auf dem Höhepunkt der Lachswanderung kann man mit dieser Methode ungefähr dreihundert Lachse pro Tag fangen. Man lässt sie trocknen und macht sie durch Einsalzen oder Räuchern haltbar, um sie im Winter an die Hunde zu verfüttern. Wer keine Lachse in großen Mengen fangen kann, muss sich das Fleisch oder den Fisch für die Hunde anderweitig besorgen. Das kostet viel Zeit, weshalb sich Trapper, die ein Schneemobil besitzen, im Vorteil wähnen. Doch spätestens an dem Tag, an dem sie mit einer Panne Dutzende von Kilometern von ihrem Blockhaus entfernt liegen bleiben, werden sie sich nach den Hunden zurücksehnen, die bei jedem Wetter liefen – und ihnen außerdem Gefühle entgegenbrachten.

An Voulks Seite erlernt die junge Apache den Beruf des Leithundes. Die wichtigsten Befehle kennt sie schon: *Gee* heißt rechts, *Haw* heißt links und *Wohoo* bedeutet Anhalten!.

Oben
Das mit einem kleinen Ofen beheizte Leinwandzelt ist die traditionelle Unterkunft der Goldsucher, Indianer und Trapper. Man sieht es oft auf den alten Fotos, die während des legendären Goldrauschs in Klondike entstanden.

Oben
Goldgräberromantik für einen Trapper: Nachts kann man lange am warmen Lagerfeuer sitzen, Sterne und Polarlicht betrachten und dem Heulen der Wölfe lauschen.

Nachfolgende Doppelseite
Wenn der Schnee sehr hoch liegt, geht Norman dem Gespann voraus. Mit seinen Schneeschuhen, die aus einem mit Schnüren aus Karibuleder bespannten Holzrahmen bestehen, tritt er den Schnee fest, damit es die Hunde leichter haben.

DAS SPUREN DER PISTE

Die vordersten Hunde, die durch hohen Schnee laufen, ermüden rascher als die Hunde hinter ihnen. Deshalb sollte man sie häufig auswechseln. Dazu kommt, dass der Schnee bei Temperaturen um −30 °C und darunter hart wie Sand ist und die Haut aufscheuert. Die Pfoten der vorderen Hunde sind dem Schnee stärker ausgesetzt als die Pfoten der Hunde in Schlittennähe, denn die ersten treten für die hinteren den Schnee herunter. Besonders zu Beginn des Winters sind die Ballen empfindlich und man bestreicht sie mit Fett, um sie geschmeidig zu machen und vor kleinen Verletzungen zu schützen. Wenn die Piste zuvor noch nicht gespurt wurde und der Schnee hoch ist, geht der Trapper mit Schneeschuhen vor den Hunden her und ebnet den Schnee ein. Die Hunde gewöhnen sich ziemlich schnell daran, dass ihnen ein Mensch den Weg freimacht. Als Erstes müssen sie dabei lernen, ihm nicht auf den Fersen zu folgen, sondern Abstand zu halten, damit sie ihm nicht auf die Schneeschuhe treten. Besteht dagegen bereits eine Spur, auf der eine nicht allzu hohe Schneeschicht liegt, so kann sich der Trapper hinten auf die Schlittenkufen stellen. Von Zeit zu Zeit steigt er ab und läuft hinterher, um die Hunde zu entlasten. Oder er unterstützt sie, indem er sich vorne so auf den Schlitten setzt, dass jedes Bein seitlich einer Spur ist und dirigiert mit der rechten Hand den *Gee-Pole*, eine an den Seitenstreben des Schlittens angebrachte Stange, die anderthalb Meter über die Kufen hinausragt. Mit ihrer Hilfe hält der Trapper den Schlitten genau in der Spur, damit er nicht in den vereisten Kanten hängen bleibt.

AUF SCHNEESCHUHEN WANDERN UND JAGEN

Ein Trapper spurt die Piste der Strecke, an der er seine Fallen aufgestellt hat, im Winter nur ein Mal. Selbst wenn es danach viel schneit, bleibt ein fester Untergrund, auf dem die Hunde Halt finden, und es ist nicht notwendig, den Schnee noch einmal mit den Schneeschuhen flach zu drücken. Ist die Schneeschicht auf der Piste sehr dick, dann wird der Trapper hinter dem Schlitten herlaufen, um den Hunden die Arbeit zu erleichtern. In den Bergen kann es allerdings vorkommen, dass die gespurte Piste unter hohen Schneewehen verschwunden ist. Dann muss der Trapper die mühsame Arbeit des Spurens noch einmal auf sich nehmen. Seine Schneeschuhe braucht ein Trapper auch, um von der Piste zu den einzelnen Fallen zu gehen, die mehrere Dutzend Meter von ihr entfernt aufgestellt sein können.

Auf der Jagd sind die Schneeschuhe unentbehrlich. Im Winter jagen Trapper mitunter Elche oder Karibus. Die Strategie der Jäger besteht dann darin, möglichst frische Spuren zu finden und diesen bis zum Ende zu folgen, bis zum letzten Hufabdruck – am besten bis zu dem Abdruck, in dem noch der Huf steht. Wenn es so weit ist, dass der Trapper den Rückweg antreten kann, ist die gespurte Piste überfroren. Die Hunde können auf ihr gut laufen, und so ist der Transport des erlegten Wildes kein Problem. Bei −30 °C dauert es ungefähr eine Stunde, bis sich über dem mit Schneeschuhen festgetretenen Schnee eine Eiskruste bildet, die so hart ist, dass man auf ihr gehen kann, ohne einzusinken. Bei −50 °C dauert dieser Prozess nur eine knappe Viertelstunde. Die wild lebenden Tiere sind nicht dumm und benutzen gerne eine Piste, die von einem Menschen gespurt wurde. Der Trapper weiß das und stellt deshalb auch in ihrer unmittelbaren Nähe Fallen auf.

Nachfolgende Doppelseiten
Die Strecke, an der Norman seine Fallen aufstellt, ist über hundert Kilometer lang und beschreibt einen weiten Bogen durch das Revier. Weil er die Piste regelmäßig befährt, bleibt sie fest und die Hunde können auf ihr zügig laufen. Dabei ist Gehorsam für Gespann und Musher lebenswichtig, und Befehle müssen unverzüglich und präzise ausgeführt werden.

Rechts
Bei diesem Schnee kann man pro Tag höchstens zwanzig Kilometer zurücklegen. Deshalb wählt Norman die Routen nach Möglichkeit so, dass sie über gefrorene Seen und weite Ebenen führen. Dort, wo er auf keinerlei Hindernisse stößt, presst der Wind den Schnee fest zusammen, sodass man gut vorankommt, ohne die Piste vorher mit Schneeschuhen präparieren zu müssen.

Der Frühling

Die Rückkehr der schönen Tage

Im März stellt Norman keine Fallen auf, weil die Tiere nun ihr Fell wechseln und einen großen Teil der Haare ihres Winterfells verlieren. Außerdem nähert sich die Zeit der Fortpflanzung. Natürlich findet der Übergang vom Winter zum Frühling nicht von einem Tag auf den anderen statt, sondern geschieht ganz allmählich. Erst gegen Mitte des Frühjahrs lässt der Frost nach, sodass die Schneeschmelze beginnt und die Gewässer auftauen. Während der Übergangszeit verändert sich die dicke Schneeschicht, die noch immer alles bedeckt, ständig entsprechend der Temperatur: Tagsüber schmilzt ihre Oberfläche unter den Sonnenstrahlen, nachts aber, wenn die Temperaturen unter null fallen, friert alles wieder fest. Auf dieser Eiskruste kommen Hunde und Schlitten gut voran – vorausgesetzt, man ist nur morgens unterwegs. Für Norman ist es eine angenehme Zeit, denn er kann buchstäblich überallhin, sogar in die verborgensten Winkel kleiner Täler, in denen er mitten im Winter im Schnee versinken würde. Die übrige Zeit verbringt er damit, die Felle für den Verkauf herzurichten. Das Entfernen von Fleisch- und Fettresten mithilfe eines Spatels ist eine mühsame Arbeit, die größtenteils von Nebraska übernommen wird.

DIE WELPEN

Der Frühling ist die Zeit der Geburten, nicht nur bei den wild lebenden Tieren. Hündinnen können natürlich auch im Herbst werfen, je nachdem, wann ihr Besitzer sie decken lässt. Manche Musher behaupten, dass im Herbst geborene Hunde widerstandsfähiger sind, weil sie von Anfang an an die rauen Lebensbedingungen gewöhnt werden. Andere meinen, dass sich die Jungtiere bei milden Temperaturen besser entwickeln. Norman ist es jedenfalls lieber, wenn die Welpen im Frühling zur Welt kommen, denn dann ist die Aufzucht leichter. Und im Herbst, wenn die jungen Hunde etwa sechs Monate alt sind, kann er bereits mit ihrer Ausbildung beginnen. Im Herbst geborene Hunde sind dagegen im ersten Winter ihres Lebens noch viel zu jung, um das zu lernen, was Schlittenhunde wissen müssen. Außerdem sind ihre Mütter im Gespann nicht voll einsatzfähig, solange sie ihren Wurf versorgen müssen. Für Musher, die mehrere Gespanne besitzen oder die sich zusätzliche Hunde für die Zucht halten, spielt dies keine Rolle, Norman hat aber nur eine Meute.

Im Laufe der Jahre erlebte er schon so manche Überraschung. Eine Hündin hatte sich im Herbst ohne Normans Wissen von einem Rüden decken lassen. Er hatte sie trotzdem auf seine Fahrten zu den Fallen mitgenommen. Die Hündin bekam mitten im Winter zwei Welpen, einen Rüden und eine Hündin. In der ersten Woche fuhr sie mit ihren Babys tagsüber auf dem Schlitten mit, und nachts bereitete ihnen Norman ein Lager abseits der Meute. Alles ging gut, der Winter war nicht allzu streng und der Wurf hatte zum Glück nur aus zwei Jungen bestanden, doch die anderen Hunde mussten sich wesentlich stärker plagen. Nach acht Tagen sprang die junge Mutter ständig vom Schlitten, weil sie ihre Arbeit wieder aufnehmen wollte. Schließlich gab Norman nach und schirrte sie wieder ein. Trotz ihres Arbeitseifers war sie keine schlechte Mutter. Sie vertraute ihre beiden Kleinen einfach nur die meiste Zeit über Norman an, der ihnen auf dem Schlitten ein warmes Nest zurechtmachte. Allerdings jaulten und wimmerten die Welpen herzerweichend, wenn ihre Mutter nicht bei ihnen war, und Norman musste mit seinem Gespann zahlreiche Pausen einlegen, damit die Welpen gesäugt wurden. Tagsüber war die Hündin zu ihren vierbeinigen Gefährten freundlich, nachts ließ sie aber keinen in die Nähe ihrer Sprösslinge.

Vorhergehende Doppelseiten
Mit dem Frühjahr kehren Enten, Gänse und Kraniche zurück. Nach der Stille des Winters tut es gut, ihre Schreie zu hören. Der Schrei der Zugvögel kommt einem wie ein Siegesschrei vor, denn endlich ist der Winter vorbei, der im hohen Norden allzu lange dauert.
Sobald die Flüsse aufgetaut sind, schlagen Nebraska und Norman ihr Lager am Yukon auf, um Lachse zu fangen.

Rechts
Eines der bedeutendsten Ereignisse dieses Frühjahrs ist die Geburt der Welpen, die Voulk und Apache in der Nacht vor dem Blizzard zeugten. Im Herbst werden Norman und Nebraska mit ihrer Ausbildung beginnen.

Oben
Die Zeit des Lachsfangs ist auch die Zeit, in der die Natur wieder zum Leben erwacht und die Vögel mit ihrem Gesang beginnen. Vom Wasser her hört man die schmatzenden Geräusche, die durch die Bewegung der Fische und der Wasseroberfläche entstehen. Es ist eine Zeit unbeschwerter Lebensfreude.

Oben
Im Spiel bereiten sich die jungen Hunde auf die Rangkämpfe vor, die sie als erwachsene Tiere austragen werden. Schon sehr bald zeigt sich bei jedem Welpen sein spezifischer Charakter und man sieht, wer dominant, wer schlau und wer mutig ist.

Nachfolgende Doppelseite
Um zu guten Schlittenhunden heranzuwachsen, müssen die Welpen ausgiebig Kontakt zum Menschen haben. Nebraska widmet ihnen viel Zeit.

Der Fischfang

Wenn die Tage wieder wärmer werden, säumen lange Reihen weißer Zelte die Ufer des Yukon. Das Lachen der Kinder und das Gebell der Hunde übertönen die anderen Geräusche des Lageralltags ebenso wie das Rauschen des Flusses. Überall stehen Holzgestelle, an denen Lachsseiten hängen, die in der Sonnenwärme und dem Rauch der unter ihnen schwelenden Feuer trocknen. Wie die Indianer, die den alten Traditionen treu geblieben sind und in deren Ernährung der Lachs weiterhin eine wichtige Rolle spielt, konzentriert sich auch Norman in der Laichzeit ausschließlich auf den Lachsfang. Die alljährliche Rückkehr von Millionen von Lachsen zu ihren Laichplätzen begünstigte die Entwicklung indianischer Kulturen, deren Wirtschaft auf dem Lachsfang gründete. Norman und anderen Trappern bietet die Rückkehr der Lachse Gelegenheit, ihre Vorräte aufzustocken. Die geräucherten und getrockneten Fischfilets sind sehr haltbar: Norman und Nebraska werden viele Monate lang davon essen und sie auch an die Hunde verfüttern.

DIE LACHSE UND DAS ÖKOLOGISCHE GLEICHGEWICHT

Die fünf im Pazifischen Ozean vorkommenden Lachsarten laichen in den Wasserläufen Alaskas und Yukons. Obwohl die Lachse in Süßwasser geschlüpft sind, können sie später in Salzwasser leben. Die jungen Lachse schwimmen in den Ozean, in dem sie heranwachsen werden. Über das Leben der Lachse im Meer ist wenig bekannt. Wir wissen aber, dass die ausgewachsenen Fische nach fünf Jahren und vielen Wanderungen über Hunderte von Kilometern in die Gewässer zurückkehren, in denen ihre Reise begann, um sich dort fortzupflanzen und anschließend zu sterben. Ihre Fähigkeit, sich zu orientieren, ist erstaunlich. Man nimmt an, dass ihr Geruchssinn ihnen erlaubt, den Ort wiederzufinden, an dem ihr Leben seinen Anfang nahm. Doch der Weg dorthin ist lang und überall lauern Gefahren. Eine große Anzahl Fische stirbt an Erschöpfung, denn sie nehmen auf ihrer Laichwanderung keinerlei Nahrung zu sich. Viele andere fallen ihren Feinden zum Opfer und so erreicht nur knapp ein Drittel der Lachse ihre Laichplätze. Die Menschen sind nicht die Einzigen, die aus der Wanderung der Lachse Nutzen ziehen. Für Bären und Adler sind die Lachse leichte Beute, und über die toten Fische und Fischreste, die die Ufer bedecken, machen sich Aas fressende Vögel und andere Tiere her. Was dann noch übrig bleibt, kommt den Pflanzen zugute.

Doch auch dieses harmonische ökologische Gefüge ist bedroht – und in der Folge das gesamte Ökosystem der Region.

Bis jetzt ging es den Lachsen in Alaska gut, weil es hier noch keine Staudämme gab und sich die gefangenen Mengen in vernünftigen Grenzen hielten. Noch schützt ein Gesetz die Wälder an den Flussufern; auf einer festgelegten Breite beidseits des Wasserlaufs dürfen keine Bäume herausgeschlagen werden. Doch die Lobbyisten der Holzgesellschaften üben in den USA beträchtlichen Druck auf Politiker aus, um diese Gesetze abschaffen zu lassen. Ihnen geht es um Alaska, den US-amerikanischen Staat im Nordwesten Kanadas, jedoch wird sich jede Entscheidung, die Alaska betrifft, in Kanada bemerkbar machen, denn leider wirken sich Entscheidungen der Regierungen in Umweltfragen auch jenseits der Grenzen aus. In Fachkreisen ist man sich einig, dass jeglicher Eingriff in die Uferwälder Veränderungen in der chemischen Zusammensetzung, des pH-Werts und auch der Temperatur des Wassers nach sich ziehen wird. All diese Faktoren sind aber unabdingbare Voraussetzung für die Orientierung der Lachse. Zuzulassen, dass sich das Wasser der Flüsse und Bäche verändert, bedeutet, die Laichplätze der Lachse zu zerstören. Dies wird eine

Die Lachse werden ausgenommen und längs halbiert. Die Einschnitte sollen den Trocknungsvorgang beschleunigen. Anschließend werden die Filets geräuchert und gesalzen.

Kettenreaktion auslösen, denn eine Veränderung der Umwelt und die damit verbundene rückläufige Zahl der Lachse wird sich auf die gesamte Pflanzen- und Tierwelt der betroffenen Gebiete auswirken. Trapper wie Norman, Indianer und Musher sind auf die Lachse als proteinreiches Nahrungsmittel für sich und die Hunde angewiesen. Da für alle, die der naturnahen Lebensweise treu bleiben wollen und sich daher lieber Hunde halten, als mit dem Schneemobil zu fahren, die Verpflegung des Gespanns das größte Problem darstellt, kann man sich denken, welche Auswirkungen ein Eingriff in das ökologische Gleichgewicht der Flüsse und Wälder auch auf die Zukunft der Schlittenhunde haben wird.

DIE ERNEUERUNG

Vom Eis befreit, rauschen Bäche und Flüsse. Die Natur erwacht aus ihrem Winterschlaf und reckt sich förmlich der Sonne entgegen. Je weiter man nach Norden geht, desto kürzer ist die warme Jahreszeit. Norman zieht die Waldlandschaft der weiter nördlich gelegenen Steppe vor, wenn er auch die Inuit bewundert, denen es gelang, in dieser Ödnis ihre Kultur zu entwickeln. Norman ist durch und durch ein Waldbewohner. Die Wälder haben für ihn keine Geheimnisse mehr, und wenn er auch sonst sehr ruhig und wortkarg ist, erzählt er doch immer wieder begeistert von den Tieren und Pflanzen, denen es gelang, sich an die hier herrschenden schwierigen Umweltbedingungen anzupassen, und von den Völkern des hohen Nordens, die im Laufe der Jahrhunderte geniale Techniken entwickelten, um ihr Überleben unter diesen klimatischen Bedingungen zu sichern. Wie kann man zum Beispiel ein Feuer machen, um sich daran zu erwärmen, wenn es weit und breit kein Holz gibt? Nun, die Inuit zünden einfach einen in Robbenfett getränkten Docht an und essen das Fleisch roh. Ausgeklügelt ist auch die Art und Weise, wie sämtliche Teile eines getöteten Tiers genutzt werden: Das Fleisch wird gegessen, das Fett dient als Brennstoff, aus den Sehnen wird Nähgarn, aus den Knochen entstehen Geräte und Werkzeug. Die Felle verarbeitet man zu Kleidung, die gewaschenen und getrockneten Därme werden zu einem dünnen und doch wasserdichten Material gegerbt, aus dem man Bekleidung und Taschen fertigt. Und dann die Bäume, deren Wurzeln sich knapp unter der Oberfläche waagerecht ausbreiten, um aus der Erde, die nur einige Monate im Jahr frostfrei ist, möglichst viel Wasser saugen zu können: Was für eine erstaunliche Anpassungsfähigkeit der Natur, wohin man auch blickt!

Norman hat das Gefühl dazuzugehören, hier in diesen Wäldern seinen Platz zu haben. Er war bereit, einige der Geheimnisse, die ihn mit der Natur verbinden, preiszugeben, um uns zu helfen, ihren Sinn zu verstehen. Als ginge es um etwas, das Teil seines innersten Wesens ist, spricht Norman über die Natur nur mit großer Zurückhaltung. Er liebt die Erde, diese nährende Mutter, die in immer größerem Maße unter den Menschen zu leiden hat, die auf ihr leben und doch in immer größerer Zahl zu vergessen scheinen, dass sie auch von ihr leben. Nur aus diesem Grund ließ er uns ein wenig an seinem scheinbar beschwerlichen und doch so reichen Leben teilhaben. Keinesfalls war es seine Absicht, sich damit hervorzutun, denn er sieht sich selbst vor allem als einen einfachen Menschen und will es auch bleiben. Ein einfacher Mensch im besten Sinne des Wortes, dem bewusst ist, wie verletzlich und vergänglich das Leben auf der Erde ist, und den dieses Wissen vor jeglicher Anmaßung bewahrt. Es ist schon lange her, dass er jene erste Lektion begriff, die das Leben im hohen Norden allen erteilt: Bescheidenheit.

Manche Abenteuertouristen decken sich für längere Kanufahrten mit großen Mengen Mineralwasser ein. Dabei ist das Flusswasser sauber und von ausgezeichneter Qualität. Allerdings muss man sich fragen, wie lange das noch so bleiben wird, denn die globale Umweltverschmutzung wirkt sich auch auf diesen Teil der Welt aus.

Im Sommerlager dürfen die Hunde frei herumlaufen. Den ganzen Tag über tun sie, wozu sie gerade Lust haben: Enten jagen, im Schatten der Tannen ein Nickerchen machen oder aber in den Yukon springen und mit den Lachsen um die Wette schwimmen.

Damit es nicht jeden Tag Lachs gibt, angelt Norman zwischendurch Äschen, Hechte und Forellen, die in der Morgen- und Abenddämmerung am ehesten anbeißen.

Abenteuer Film

Das Team

Links
Bevor es »Film ab!« heißt, beeilt man sich mit dem Aufbau. Wenn erst einmal die Kamera läuft, müssen alle ganz still sein und keiner darf sich bewegen. Dies ist nicht nur wegen der Tonaufnahmen wichtig, sondern auch wegen der Tiere, die durch nichts abgelenkt werden dürfen. Im Vordergrund ist links der Requisiteur Kurt Fraser von hinten zu sehen. Rechts, in Rot, der Techniker Colin McKenzie. Beide sind Kanadier aus Whitehorse, einer Stadt, in deren Nähe der Großteil der Dreharbeiten stattfand.

Unten
Im Sommer bleibt es 16 Stunden lang hell. Weil das Licht in der Morgen- und Abenddämmerung am effektvollsten ist, waren die Arbeitstage lang. Zudem versuchten wir, alle im Sommer und im Herbst spielende Szenen in einer Jahreszeit abzudrehen. Für die Winterszenen gönnten wir uns zwei Saisons in aufeinander folgenden Jahren.

Unten
Philippe Baisadouli, Erster Assistent. Philippe ist diese Art von Dreharbeiten gewöhnt. Er wirkte bereits bei mehreren Filmen von Jacques Perrin mit, darunter bei *Nomaden der Lüfte*. Philippe ist einer von denen, die dieses fantastische Team zusammenhielten.

Oben
Shara McIntosh, das Scriptgirl und zuständig für die am häufigsten gestellte Frage »Was ist los?«, die bald zu ihrem Spitznamen wurde.

Links
Erster Kameramann Thierry Machado. Er und Philippe waren meine engsten Mitarbeiter. Außer den inspirierenden Bildern brachte Thierry seine künstlerische Sensibilität und konstruktive Kritik mit ein.

Rechts
Noch nie zuvor war mit 35-mm-Kameras bei Temperaturen unter –50 °C gedreht worden. Damit aus dem Projekt ein Film werden konnte, mussten die Kameraleute zunächst einmal fünf Wochen lang unter entsprechenden Bedingungen üben. Die extremen Temperaturen erschweren alles, gehen im hohen Norden aber mit einem einzigartigen Licht einher. Im Grunde ging es uns bei diesem Film vor allem darum, dieses Licht einzufangen, das seinen ganzen Zauber auf dem Höhepunkt des Winters entfaltet.

Rechts Mitte
In der Arktis, nördlich der Stadt Inuvik und nur wenige Kilometer vom Nordpolarmeer entfernt, drehten wir die unglaublichen Bilder, die wir im Vorspann zeigen: Eine Herde von mehreren Tausend Karibus, deren Atem sich bei Kontakt mit der bitterkalten Januarluft sofort in Reif verwandelte und als große Wolke über der Herde stand wie Rauch über einem Feuer. Hier versucht ein Mitglied unseres Teams mit einem jungen, verwaisten Karibu ins Gespräch zu kommen, das von unseren Inuit-Führern adoptiert worden war.

Rechts unten
Das fast vollständige Filmteam, darunter auch einige Mitglieder, die hier noch nicht erwähnt wurden: José Mangeau (Zweiter Kameraassistent, vierter von links, stehend), herzt Sylvain Maillard, Erster Kameramann des Zweiten Teams. Weiter von links nach rechts: Regieassistent Charles Scalabrino; Andrew Simpson, Koordinator und für die Tiere verantwortlich; Emmanuel Hachette, Tontechniker. Neben ihm stehend: Thomas Bounoure und Luc Simon, der Regisseur des *making of* und sein Assistent.
Sitzend, von links nach rechts: Pierre Michaut und Didier Langou, die sich für den Film nicht nur als Regieassistenten engagierten. Rechts von mir der kanadische Regieassistent Francis Choquette, der für unseren Freund Gaitan Fluet eingesprungen war, der aus persönlichen Gründen in Québec hatte bleiben müssen.

Links
Stéphane Paillard, Erster Kameraassistent, der mit beeindruckender Professionalität zum Gelingen des Films beitrug. Seine Aufgabe war es, dafür zu sorgen, dass die Kameras unter den für sie besonders ungünstigen Bedingungen reibungslos funktionierten.

Rechts
Ich hatte eine genaue Vorstellung davon, wie die letzten Bilder von Norman und der Landschaft aussehen sollten, aber keine Ahnung, wie sie zu verwirklichen waren. Wie immer fanden Sylvain und Thierry eine Lösung – gemeinsam mit Dany Cleyet-Marrel und seinem Filmballon. Für diese Aufnahmen mussten wir über eine Woche lang jeden Morgen um vier Uhr aufstehen – und konnten dann doch nicht filmen, weil der Wind, das Licht und tausend wichtige Kleinigkeiten nicht so waren, wie wir sie gerne gehabt hätten. Einen Tag, nachdem dieses Foto entstanden war, hatten wir die Bilder endlich im Kasten und konnten ein paar Freudentränen vergießen.

Unten
Der Hubschrauber, der einige Tonnen Ausrüstung hinaus in die Wildnis beförderte. Vor allem aber benötigten wir ihn für die Luftaufnahmen, die einen Eindruck von der Weitläufigkeit der Landschaften gaben und davon, wie winzig der Mensch ist, der sich in ihnen bewegt.

Unten
Tagelang mussten wir im eisigen Wasser drehen, bis wir mit unseren Aufnahmen einer großen Seeforelle zufrieden waren. Der Fisch weicht dem Netz aus, das Norman soeben aus seinem Birkenrindenkanu ausgeworfen hat, dessen Boden sich im klaren Wasser dunkel abzeichnet.

Links
Patrick Marchand (rechts), verantwortlich für die Unterwasseraufnahmen, musste nacheinander gut zwanzig Forellen freilassen, bis wir endlich die perfekten Bilder hatten. Und ausgerechnet diese kostbaren Meter Film gingen dem Expressdienst TNT auf dem Transport nach Deutschland verloren.

Mit Kameras unterwegs

Oben
Der Sieg des Kamerateams über die Umstände: Es gelang ihnen, trotz –40 °C zu drehen! Dabei geht normalerweise selbst in Kanada nichts mehr, wenn das Thermometer so tief fällt. Es gibt sogar ein Gesetz, das Arbeitgebern verbietet, ihre Beschäftigten bei diesen Temperatur draußen arbeiten zu lassen.

Unten
Bei jedem Drehortwechsel galt es, mindestens eine Tonne Ausrüstung umzuziehen. Viele Geräte sind sehr empfindlich und können deshalb nur langsam und behutsam, und in großen sperrigen Kisten befördert werden. Keine leichte Aufgabe, wenn man mit Schneemobilen auf engen Bergpfaden unterwegs ist.

Oben
Die Plattform wurde, trotz der eisigen Kälte, so gut wie immer nachts im Schein der Kopflampen aufgebaut. Im Morgengrauen, wenn das Licht am schönsten war, musste alles fertig sein.

Unten
Um das Team an abgelegenen Drehorten mit Proviant und Material zu versorgen, legten unsere Schneemobilfahrer Tausende von Kilometern zurück. Eine Vorhut spurte im tiefen Schnee die Piste, der Rest folgte in einer Art ununterbrochenem Staffelrennen, um alles an seinen Bestimmungsort zu bringen.

Schwierige Momente

Unten
Ruth Labarge, die Besitzerin dieses beeindruckenden, knapp drei Meter großen und 800 Kilogramm schweren Grizzlys, zeigt ihrem Bären, wie er sich bei dieser Szene verhalten soll. Nachgestellt wurde eine Situation, die Norman im Laufe seines Trapperlebens mehrmals erlebt hat: die Begegnung mit einem Grizzly.

Oben
Selbst bei –50 °C zögern weder Thierry noch Norman, ins Wasser zu gehen, um die Szene zu drehen, in der Norman zu Beginn des Winters mit seinen Hunden in dünnem Eis einbricht.

Unten
Im Winter, wenn Eis und Schnee alles bedecken, kann man das Material mit Schneemobilen überallhin transportieren. Im Sommer bleibt dagegen oft nichts anderes übrig, als die Ausrüstung zu tragen.

Links
Norman überwindet mit seinem Kanu Wasserfälle, die mit zwei Metern Höhe ziemlich beeindruckend wirken. Für diese Filmsequenz waren tagelange Vorbereitungen notwendig. Und dass weiter oberhalb ein Bär Lachse fing, machte die Sache nicht einfacher.

Unten
Guillaume Parisien, Zweiter Kameraassistent. Der aus Québec stammende Guillaume ist das raue Klima gewöhnt. Trotzdem verlangte ihm seine Arbeit in Inuvik eine gute Portion Mut und Beharrlichkeit ab.

Oben
Während eines Schneesturms steigert der Wind die Kälte ins Unerträgliche. Trotzdem muss eine Szene wieder und wieder gedreht werden, bis sie aus den vorgesehenen Perspektiven zufriedenstellend aufgenommen worden ist. Die optimal an ihre Umwelt angepassten Hunde kommen noch am besten mit derartigen Situationen zurecht.

Oben und rechts
Sylvain Bardoux, Erster Techniker. Sylvain arbeitete bei vielen Filmen mit, die unter extremen Bedingungen gedreht wurden, darunter *Himalaya* von Eric Valli.

EINLADUNG ZU EINER REISE INS LAND DES LETZTEN TRAPPERS

Allen, die den hohen Norden gerne selbst erkunden wollen – im Sommer mit dem Kanu oder im Winter mit dem Hundeschlitten – schlägt Nicolas Vanier einen Urlaub in seinem Camp des Écorces vor. Zusammen mit seinem Expeditionsgefährten Alain Brenichot betreibt er dieses Camp am Ufer des Lac Coté, inmitten der malerischen Landschaft der Peribronka-Berge; hier können kleine Gruppen von vier bis sechs Personen aufgenommen werden.
Weitere Informationen erteilt gern die Agence DHD Laïka:
4, rue Paul Cézanne, 75008 Paris, telefonisch zu erreichen unter ++33/1/42893264.
Besuchen Sie auch die Website von Nicolas Vanier unter:
www.nicolasvanier.com